AI와 인간의 도덕적 향상

AI문고

인공지능 시대입니다. 기계가 인간의 인지를 대신하고, 사물이 인간을 통하지 않고 다른 사물과 직접 커뮤니케이션합니다. 이에 따른 인간 삶과 문명 변화를 정확히 이해·예측·대응하는 것은 이 시대 우리 모두의 과제입니다. AI문고는 인공지능 기술과 환경의 여러 주제를 10가지 키워드로 정리합니다. 관련 개념과 이론, 학계와 산업계의 쟁점, 우리 일상의 변화를 다룹니다. 인간과 기술의 현재, 미래를 세심히 분석합니다.

일러두기

- 인명, 작품명, 저서명, 개념어 등은 한글과 함께 괄호 안에 해당 국가의 원어를 병기했습니다.
- 외래어 표기는 현행 어문규정의 외래어표기법을 따랐습니다.

처음이세요?

전문가세요?

지금, 큐알 찍으면

- 🎁 AI 입문서 바로 선물
- 📚 당신만의 필독서 추천
- 📖 500권 요약본 공짜
- 🎧 오디오북 무료 사용

AI와 인간의 도덕적 향상

이을상

대한민국, 서울, 커뮤니케이션북스, 2025

AI와 인간의 도덕적 향상

지은이 이을상
펴낸이 박영률

초판 1쇄 펴낸날 2025년 7월 23일

커뮤니케이션북스(주)
출판 등록 2007년 8월 17일 제313-2007-000166호
02880 서울시 성북구 성북로 5-11
전화(02) 7474 001, 팩스(02) 736 5047
commbooks@commbooks.com
www.commbooks.com

ISBN 979-11-430-0646-2 03500

책값은 뒤표지에 표시되어 있습니다.

차례

비도덕적 '인간'과 도덕적 '사회'의 조화

인간의 삶은 도덕적이다. 인간 사회에 만연한 종교 현상과 사회 제도를 볼 때 그렇다. 내적 삶의 '구원'을 목표로 하는 종교는 그 방편으로 '선(좋음, Good)'의 실천을 역설한다. 그리고 개인의 외적 삶 규제를 목표로 하는 사회 제도는 '법'에 근거한다. 법 앞에서 인간은 누구나 평등하다. 이 평등의 실현을 우리는 '옳은(Right)' 일이라 생각한다.

이렇게 인간은 누구나 선을 실현하고 올바른 행동을 해야 한다. 이것이 도덕의 요구다. 이러한 의미에서 선과 옳음은 도덕의 두 측면 – 내적 측면과 외적 측면 – 이라 할 수 있다. 이 두 측면에 대한 탐구가 '도덕 철학' 또는 '윤리학'을 낳았다. 윤리학에서 선 또는 옳음은 언제나 자명해야 한다. 선 또는 옳음이 자명하지 않다면 우리가 마땅히 지킬 수 없을 것이기 때문이다. 이렇게 자명한 것을 우리는 왜 탐구하려 하는가? 근원적으로 자명한 선이 인간에게 내재해 있다면, 이러한 선을 탐구하는 자체가 무의미한 일이거나 동어반복일 텐데 말이다. 오늘날 우리에게는 여전히 윤리적 훈련 또는 교육이 필요하다. 그 이유로 윤리학은 인간이 태어나면서 부여받은 생명 충동으로 인해 선이 가려졌기 때문이라는 가설을 세운다. 이 가설에 기초하여 강력한 '도덕법칙'의 준수 또는 '도덕적 제재'의 실행을 주장한다. 이것이 이른바 윤리 학설이다. 대표적인 윤리 학설에는 칸트(I. Kant)의 '도덕법칙'과 벤담(J. Bentham)의 '공리주의'가 있다. 이들은 각기 다음과 같은 전제에서 출발한다.

> "이 세상 안에서, 하물며 이 세상 밖에서도 선하다고 생각될 수 있는 것은 오직 선한 의지뿐이다"(Kant, 1786/2012: 77).

> "자연은 인류를 쾌락과 고통이라는 두 군주의 지배 아래 두었다"(Bentham, 1789/2013: 47).

절대적으로 선한 의지가 유한한 인간의 행동에 주어질 때면, 도덕법칙으로 나타난다는 점이 칸트의 전제다. 인간은 전적으로 쾌락과 고통이라는 감정에 노출되어 있는 까닭에 '유용성'을 기준으로 한 도덕적 제재가 필요하다는 점은 공리주의의 전제다. 윤리 교육은 이 두 전제의 구현을 목표로 한다 해도 과언이 아니다. 이러한 도덕에 대한 요구는 비단 학교에서 행해지는 도덕 학습에 국한된 것이 아니다. 효과적으로 윤리의식을 함양하기 위한 도구는 역사적으로 무수히 많았다. 권선징악에 초점을 맞춘 신화와 전설, 시, 위인전의 이야기가 전통적인 윤리 교육의 사례라면, 오늘날에는 종교와 법, 심리 또는 의료 상담 등도 윤리의식 함양을 위해 동원되고 있다.

그런데도 종래의 윤리 교육은 그다지 성공적인 것으로 보이지 않는다. 아니 우리가 윤리 교육을 강화할수록 도덕적 비행은 더욱더 교묘하게 자행되고, 심지어 지능화되는 것이 현실이지 않은가? 물론 이러한 현실적 파행이 윤리 교육의 '무력함' 또는 '무용론'을 말하려는 근거는 아니다. 다만 윤리 교육의 효과가 늦게 나타난다는 점을 지적할 뿐이다. 더욱이 현대 사회에는 인권 보호와 맞물려 개인의 윤리적 전환을 교육적으로 강제할 수 없다. 그런데도 우리는 즉각적이고 강력한 윤리적 개선을 원한다.

어떻게 하면 윤리적 개선이 가능할까? 오늘날 우리는 과학기술 시대에 산다. 과학기술 시대에 우리 삶은 대부분 -아니 전부가- 과학기술에 의존적이다. 과학기술은 불가능했던 일을 가능하게 해 준다. 여기에 통용되는 하나의 공리가 있다. 그것은 "너는 할 수 있다. 그러니 해야 한다(Du kannst, du sollst)"라는 명제다. 이것은 어떤 의미에서 칸트의 "너는 해야 한다. 그러니 할 수 있다(Du sollst, du kannst)"라는 공리를 뒤집어 놓은 것이다.

일찍이 칸트는 도덕법칙이 허용하는 것만 행하라는 의미에서 이 공리를 제시했다. 예를 들어 도둑질은 도덕적으로도, 사회적, 법적으로도 허용되지 않는다. 우리는 아무리 배가 고프더라도, 도덕적, 사회적, 법적으로 허용하는 한계 내에서만 먹을 수 있다. 빅토르 위고(V. M. Hugo)의 《레 미제라블(Les Miserables)》(1862)에서 장발장이 평생을 죄인이라는 멍에에 갇혀 살 수밖에 없었던 것은 배고픈 조카를 위해 빵 한 조각을 훔쳤기 때문이다. 그러니 장발장은 "너는 해야 한다. 그러니 할 수 있다"라는 칸트의 공리에 의해 단죄된 셈이다. 그렇다면 1960년대 미국 사회에서 일어난 '인종차별'에 관해 생각해 보자. 흑인 사회의 인권운동가였던 킹(M. L. King) 목사는 법에 의한 제재를 분쇄하지 않으면, 흑인의 인권이 개선될 수 없다는 사실을 깨달았다. 그래서 그는 사회 저항 운동을 전개했다. 이러한 킹 목사의 논리는 "너는 할 수 있다. 그러니 해야 한다"라는 명제로 요약될 수 있을 것이다. 여기서 칸트의 공리는 뒤집히게 된다.

이 뒤집힌 공리가 오늘날 '도덕적인 사회'와 '비도덕적 개인'이라는 역설적 시대 상황을 낳았다. 그 단적인 예가 사이코패스와 같은 심신미약자의 방치로 인해 사회적 해악이 유발되는 상황이다. 이러한 심신미약은 과학기술의 발전 덕분에 약리적 제어가 가능하다. 이것은 사회적 선의에 의해 개인의 악이 제거되는 형국 아닌가? 여기서 사회 논리는 "너는 할 수 있다. 그러니 해야 한다"라는 공리를 설득력 있게 설파한다. 이러한 전제가 어떻게 정당화될 수 있는가? 오늘날 우리는 사회 제도와 규범에 의해 도덕적으로 보호받지만, 우리 사회의 도덕적 균형을 깨는 것은 언제나 개인의 돌발적 행동이다. 이러한 개인의 돌발적 행동에는 위에서 말한 사이코패스나 소시오패스 외에도 마약, 음주, 흡연 등에 의한 중독, 편집증과 강박증 등과 같은 심리적 질병도 있다. 이러한 사회적 해악 유발 요인을 제거해야 할 책무가 사회에 있으니, 사회가 도덕적이라는 말이다. 아니 도덕적이어야 한다.

이것은 일찍이 니부어(R. Niebuhr)의 '도덕적 인간'과 '비도덕적 사회'라는 논리를 뒤집어 놓은 것과 같다. 니부어는 1960년대와 1970년대의 미국 사회에 만연한 저항 운동—위에서 말한 인종 갈등 외에도 전쟁 반대를 외치는 학생운동—을 도덕적인 개인에 의한 비도덕적인 사회 제도의 개혁이라 평가했다. 니부어는 이른바 각 개인이 지닌 합리성과 정의감으로 인해 사회 개혁이 이루어졌고, 이로써 바야흐로 사회의 도덕화가 일어났다는 논리를 편다. 물론 이러한 사회적 저항 운동의 결과로 사회 제도가 정의롭게 개혁되었다는 점을 우리는 부인할 수 없다. 그런데 니부어는 위에서 말한 사이코패스나 심리적 질병에 의해 생겨나는 해악을 미처 보지 못했다.

이러한 심신미약은 오늘날 비도덕적인 개인이 출현하는 배경이다. 그래서 오늘날 비도덕적인 개인의 심성을 개선하여 사회적 악의 유발 요인을 제거하고, 우리 사회에 도덕적 평형을 회복하는 일이 중요해졌다. 하물며 이러한 도덕적 개선이 과학기술 발전의 도움으로 이루어질 수 있다면, 이를 굳이 반대해야 할 이유도 없지 않은가? 아니 도덕적 개선을 불러올 여지가 충분함에도 이를 방치하는 것이야말로 도덕적 유기 아닌가? 이러한 맥락에서 제안된 것이 '도덕적 생명 향상(moral bioenhancement)'이다.

도덕적 생명 향상

도덕적 생명 향상이란 생의학적, 약리학적으로 우리 도덕적 삶을 향상하려는 전략이다(Persson & Savulescu, 2012/2015; 이을상, 2022). 이러한 생명 향상의 전략은 특히 사회적 '해악의 제거'에 초점을 맞춘다. 해악의 제거는 종래에 상식 도덕이 늘 해 오던 일이다. 상식 도덕은 거짓말과 양심을 속이는 일, 도둑질, 살인, 간음(성폭력), 부정부패 등을 도덕적 해악으로 규정한다. 이러한 해악의 제거는 윤리 학습으로 상당한 효과를 거둘 수 있었다. 이로부터 "선행은 권장하고 악행은 징벌한다(권선징악)"라는 최고 원리도 만들어졌다. 그러나 오늘날에는 상식 도덕으로는 도저히 감당할 수 없는 일이 자행되고 있다. 이른바 심신미약으로 인한 개인의 악행이 그렇다. 이러한 사회적 해악은 윤리교육으로 쉽게 제거되지 않는다. 왜냐하면 사회적 해악을 저지르는 개인의 내면적 삶 배후에는 '심신미약'이라는 생물학적 원인이 도사리고 있기 때문이다. 이러한 생물학적 원인이 제거되지 않는 한, 우리는 개인에게서 도덕적 행동을 기대할 수 없을 것이다. 이 점이야말로 도덕적인 사회가 나서서 비도덕적인 개인의 삶에 개입할 필요가 있는 것이다.

이렇듯 오늘날 우리가 직면하는 도덕적 해악은 종래의 상식 도덕이 말하는 개인의 단순한 '일탈' 행위가 아니다. 현대 사회에는 개인의 심신미약에 의해서뿐만 아니라 이른바 세계화와 더불어 각국에서 자행되는 인종차별, 제국주의적 경제 착취, 무분별한 경제 개발로 인한 지구적 규모의 기후 위기, 그리고 한 국가 내에서 일어나는 체제 갈등과 계층 간의 갈등 등에 의해 유발되는 해악도 있다. 이러한 해악은 모두 '창발적으로' 일어난다는 특징이 있다. 창발이란 종래의 체제에는 없었던 사실이 새로운 체제의 형성과 더불어 생겨난다는 뜻이다. 그러니 종래의 상식 도덕이 해악의 창발적 생성에는 무력할 수밖에 없다. 그리고 상식 도덕은 이른바 특정한 (소규모의) 사회 공동체 내에서만 통용되던 도덕 원칙이다. 그러나 오늘날 우리 사회는 급변하고 있다. 이러한 변화를 대변하는 말이 '세계화', '민주화', '과학화', '정보화(컴퓨터화)' 등이다. 이렇게 급변하는 현대 사회에 우리는 상식 도덕만 고집할 수 없다. 이러한 반성과 함께 제안된 것이 '도덕적 생명 향상'이다.

도덕적 생명 향상은 간단히 말해 약물의 도움으로 인간의 이타성과 공정성을 높여 (생물학적으로) 도덕성의 향상을 기하려는 전략이다. 이러한 향상 전략이 설득력을 얻으려면, 먼저 도덕성의 생물학적 원천이 밝혀져야 하는데, 이를 논증하는 일은 그다지 어렵지 않다. 도덕성이 생물학에 뿌리박고 있음은 일찍이 콜버그(L. Kohlberg) 등의 인지적 '도덕 발달' 이론에서도 확인되기 때문이다. 발달 이론은 생물학적 성장에 따라 도덕적

인지가 향상됨을 증명했다. 그리고 20세기 후반에는 사회생물학에 의해 도덕성이 생물학적 '진화'의 산물이라는 점도 밝혀졌다. 사회생물학은 특히 윤리 원칙이 생물학적 '이타성'과 '공정성'에서 만들어진 공리라는 주장을 편다.

사회생물학의 시나리오는 다음과 같다. 이타성이란 공동체를 위해 '자기 자신을 희생하는' 개인의 심성이다. 그 단적인 예가 '혈연'이다. 이 혈연 이타성의 근거를 진화론은 유전자 공유에서 찾는다. 그러나 현실적으로 인간에게는 유전 관계를 감식할 능력이 없다. 이러한 감식 능력의 부재가 오히려 초기 사회의 일상생활에서 매일 만나는 사람이 서로 익숙한 관계로 성숙하도록 했을 것이다. 그리고 이 친숙한 관계는 상대방의 행복에도 관심을 두게끔 했을 것이다. 이것이 '호혜적 이타성'이다. 호혜란 도움을 받은 사람이 도움을 준 사람에게 감사하는 마음을 갖는 동시에, 거꾸로 자신이 입은 호의는 반드시 되돌려주어야 한다고 생각하는 것을 말한다.

하지만 이러한 희생이나 호혜성은 유전되지 않는다. 그런데도 인류의 진화적 선택에서 희생과 호혜는 사라지지 않았다. 그 이유가 뭘까? 그것은 도움을 준 사람의 호의에 감사하지 않는 행동에 대해 분노하고, 공격하거나 처벌하려는 감정으로 대응하려는 경향이 사람들 사이에 널리 퍼졌기 때문이다.

여기서 '되갚기(Tit for tat)' 전략이 생겨났다. 이것은 사회적 공동체 내에서만 가능한 전략이다. 이 전략은 '응분의 가치' 개념과 밀접한 관련이 있다. 우리는 호의를 베푼 사람이 감사를 받는 것이 마땅하다고 생각한다. 마찬가지로 호의를 베푼 사람에게 감사하다고 생각하지 않는 행위를 처벌하는 것도 마땅하다고 생각한다. 이 마땅하다는 (합리적) 생각을 우리는 '공정성(또는 정당성)'이라고 불러도 좋을 것이다.

생물학적 진화는 발생학적으로 이타적이고 공정한 마음을 인간 본성에 내재화시켰다. 이 점을 우리는 오늘날 '최후통첩 게임'과 '죄수의 딜레마'에서 확인할 수 있다. '최후통첩 게임'에서는 응답자가 공평한 수준에 못 미치는 매우 적은 몫을 배당받을 때 대체로 그 제안을 거절하는 경향이 있다. 그 이유는 응답자 자신이 이익을 얻으려는 욕구보다 부당한 몫으로 인해 상처받게 될 감정이 더 크게 작용했기 때문으로 추측된다. 이렇게 인간에게는 본성적으로 부당한 처우에 항의하려는 의지가 들어 있다. 이 의지를 확인해 주는 것이 곧 '응분의 가치' 개념이다. 인간이 언어를 습득한 후에는 이 응분의 가치 개념을 토대로 '약속' 내지 '제안'이 가능해졌을 것이다.

그리고 이 응분의 가치는 마침내 사람들 사이에 '신뢰'를 강화해 주는 기제로 사용되었을 것이다. 이를 증명해 주는 것이 '죄수의 딜레마'다. 죄수의 딜레마 상황에서는 다른 사람에 관한 관심과 신뢰의 부족으로 협력에 실패할 때, 우리가 협력했더라면 가능했을 상황보다 더 나쁜 처지에 놓이게 될 것이라는 전망이다. 이 점을 이해하는 것이 중요하다. 그 이유는 죄수의 딜레마가 다른 사람에 관한 관심과 신뢰를 바탕으로 (사회적) 협력을 끌어내는 것이 이상적 상황임을 보여 주기 때문이다.

하지만 이러한 이상적 상황은 원시 부족 사회의 소규모 집단에서나 가능한 일이었을 것이다. 여기서 상식 도덕이 생겨난 것은 당연해 보인다. 그래서 종래의 상식 도덕은 자기 집단 내의 구성원에게는 무한히 자애롭지만, 타인 집단에 대해서는 여지없이 적대감을 보인다. 이렇게 우리가 편협한 가치관에서 탈피하지 못한 가운데 우리 사회는 세계화, 민주화, 정보화되었다. 민주화된 현대 사회에서는 민족 또는 국가 간의 공시적(共時的) 협력이 필연적으로 −그리고 매우 급박하게− 요구된다(예를 들어 오늘날 '기후 위기' 문제를 보라). 물론 이러한 지구적 규모의 위기 상황은 일차적으로 첨예하게 대립하는 각국의 이익을 조정하게 될 국제적 질서가 확립되고, 탁월한 지도력을 지닌 지도자가 출현함으로써 해소될 수 있을 것이다. 그러나 현행 국제 질서는 인류적인 것이 아니고, 각국의 지도자도 초인이 아니다. 우리가 원하는 것은 이타성과 공정성으로 각국의 첨예한 이익 갈등을 조정할 수 있는 민주적 지도자의 출현이다. 그러기 위해서는 타자에 대한 배타성과 적대성이 해소되고, 인류를 위한 이타성과 공정성을 형성하려는 도덕성이 전제되어야 할 것이다.

인류적 차원에서 이타성과 공정성의 형성은 어떻게 하면 가능할까? 이러한 요청에 처음으로 반응한 것은 '생의학'이다. 그것은 이타성이 신경전달물질인 옥시토신에 의해 증대되고(Insel et al., 2004; Kosfeld et al., 2005; De Dreu et al., 2010; Zak, 2012), 공정성이 세로토닌에 의해 조절된다(Tse & Bond, 2002; Wood et al., 2006; Crockett et al., 2008)는 의학적 사실이 밝혀졌기 때문이다. 이 방안에 따르면 도덕적 해악은 근본적으로 인간의 '반도덕적 정서'에 의해 생겨난 '질병'이다(Douglas, 2008: 231). 이러한 반도덕적 정서의 '치유'가 도덕적 향상이다(Persson & Savulescu, 2017: 287).

이렇게 도덕적 생명 향상은 도덕적 개인을 만들기 위

한 하나의 전략이지만, 이 전략에는 치명적 한계가 있다. 그것은 인간 심성에 인위적으로 개입하는 것이 '강제적'이라는 비판이다. 인간의 심성에의 개입이 아무리 선한 의도에서 출발했더라도, 개인의 자율성과 정체성 확립을 위협하는 심각한 부작용을 초래한다면, 그것은 바람직한 방안일 수 없을 것이다. 이러한 부작용이 도덕적 생명 향상의 한계로 지적되면서 이 한계를 극복할 대안으로 오늘날 '인공지능(AI)'이 부상했다. 이것이 '도덕적 인공지능 향상(Moral AI enhancement)'이다.

도덕적 AI 향상

인공지능(AI, Artificial Intelligence)은 —생의학이 인간의 심성에 작용하는 것과 달리— 인간의 지적 판단(력)에 작용한다. 이 점은 전통적인 도덕 교육의 방식과도 크게 어긋나 보이지 않는다.

하지만 AI가 인간의 도덕적 향상에 이바지할 수 있으려면 많은 검증이 필요해 보인다. AI는 인간의 학습 능력과 문제 해결 능력을 컴퓨터가 모방할 수 있도록 설계된 기술이다. 이러한 기술은 오늘날 인간과 비슷한 수준의 사고 과정을 갖춘 '기계학습(Machine learning)'과 '심층학습(Deep learning)' 기술을 바탕으로 발전했다. 도덕적 AI 향상이란 이러한 기계적 사고를 인간의 도덕적 판단에 응용하려는 전략이다. 우리는 합리적이고 신중한 방식으로 판단하려 하지만, 우리의 도덕적 고려와 결정은 즉각적인 직관, 정서적 반작용, 신체 기능의 반응에 기초하여 일어나기 일쑤다. 그래서 하나의 '편향(Bias)'도 생겨난다. 편향이란 일종의 치우침을 말하는데, 위에서 말한 혈연이나 민족 개념도 결국에는 이러한 편향에서 나왔다고 하겠다.

물론 혈연이나 민족 개념 자체가 편향된 것은 아니다. 그러나 이들 개념이 배타성이나 우월성을 띨 때, 그것은 편향을 보인다. 그래서 우리는 이방인보다 가까이 있는 사람을 —과도하게— 배려하고, 미래 세대보다 동시대인을 더 고려하며, 심지어 다른 인종, 민족, 문화권의 사람에 대해서는 불신하고 적개심을 보이기까지 한다. 이러한 편향된 상황에서 도덕적 추론은 우리가 직관적으로 받아들인 것을 합리화하는 과정에 불과할 것이다. 이 점을 최근에 도덕 심리학이 논증했다(Haidt, 2012/2014: 181). 상황이 이럴진대 우리가 올바른 도덕적 판단에 이르려면, 저 편향된 상황을 정확하게 분석한 후에 합리적 대안을 마련하는 일이 필요해 보인다.

오늘날 우리는 편향으로 인해 —우리 사회가 세계화

되었음에도― 가까이 있는 사람만 배려하고, 지구적 삶을 파괴하는 세계적 환경 재해, 선진국에 의한 후진국의 경제적 수탈, 같은 공동체 내 계층 갈등에는 눈감아 버리고 무감각하게 살아간다. 이러한 도덕적 무감각은 어떤 의미에서 '도덕적 지연의 문제(Moral Lag Problem)'이기도 하다(Klincewicz, 2016: 172). 도덕적 지연이란 우리가 도덕적으로 실천할 수 있고, 실천해야 하는 만큼 아직 성숙하지 못했음을 나타내는 말이다.

페르손과 사불레스쿠는 이러한 지연이 우리 인간종에는 '실존적 위협'이라고 파악했다(Persson & Savulescu, 2008: 162). 그래서 오늘날에는 이러한 실존적 위협에 대처하려는 합리적 대안 마련이 무엇보다도 긴급하게 요구된다. 이 점에 대답한 것이 도덕적 AI 향상 방안이다. AI 향상 방안은 근본적으로 도덕적 생명 향상의 문제의식을 공유한다. 그러나 도덕적 생명 향상 방안이 치명적 약점을 드러낸 만큼, 우리는 약리적 생명 향상 방안의 대안으로 AI 향상 방안을 고찰할 것이다.

AI를 통한 향상의 구체적 방안에는 AI를 '도덕적 감시자'로 활용하는 방안(Savulescu & Maslen, 2015)과 AI에 '이상적 관찰자' 역할을 부여하는 방안(Giubilini & Savulescu, 2018)이 있다. 이 두 방안은 모두 인간 행위자의 도덕적 결정에 올바른 판단을 내리도록 AI가 조언해 주는 방식을 취한다. 하지만 여기서도 여전히 '자율성' 훼손 문제를 완전히 해소하지 못했다. 왜냐하면 도덕적 판단을 AI에 의존하는 한, 우리는 지배-복종이라는 종속 관계를 벗어날 수 없을 것이기 때문이다. 이에 새롭게 제안된 방안이 로봇에 탑재된 AI를 '도덕적 너지'로 활용하는 방안(Borenstein & Arkin, 2016)이다. 너지(Nudge)란 '팔꿈치로 슬쩍 찌른다'라는 뜻이니, 도덕적 너지는 AI에 의한 행위자의 선택을 유도하는 부드러운 개입을 뜻한다. 이로써 인간 행위자를 도덕적으로 행동하게끔 하는 '로봇 너지' 전략이 탄생했다.

그런데 이 전략은 '온정주의'(Paternalism) 논란에서 벗어나지 못한다. 온정주의란 선의의 의도로 어떤 사람의 자유와 자주성을 제한하는 행위를 말한다. 이렇듯 온정적 행위에는 우월성이 개재해 있다. 이 우월성이 자율성과 어떻게 조화를 이룰지가 관건이다. 이에 나온 새로운 방안이 AI를 '소크라테스식 대화자'로 활용하는 방안이다(Lara & Deckers, 2020). 고대 그리스의 소크라테스가 행한 대화법이 올바른 판단에 이르게 하는 최상의 '설득' 방법임은 의심의 여지가 없을 것이다. 그러나 소크라테스식 문답이 행해지려면, 먼저 AI가 행위자로서 자격을 갖춰야 할 것이다. 하지만 기계를 행위자로 보는 방식은 아직 우리에게 익숙한 방안이 아니다.

그런 연유로 AI를 진정한 도덕적 행위자로 삼기까지는 수많은 '세부적인 딜레마(디테일의 악마)'에 봉착하게 될 것이다. 그런데도 우리는 이러한 난관을 잘 극복하고, AI를 도덕 교육에 적극적으로 활용하는 방안을 모색하려 한다. 이것이 우리 목표다.

이 책의 구성

이 책은 다음과 같이 구성되어 있다.

1장 도덕적 행위자로서 AI의 한계: AI에 의한 도덕적 향상 방안 제안 배경에 관해 알아본다.

2장 도덕적 AI 향상 방안: AI에 의한 도덕성 향상 방안의 기본 틀에 관해 설명한다.

3장 도덕적 향상을 위한 AI 활용법: 인간의 도덕적 결정을 기계에 호소하는 전략에 관해 살펴본다.

4장 도덕적 AI: 도덕적 향상을 위한 AI의 역할에 관해 살펴본다.

5장 이상적 관찰자: 도덕적 AI의 실천 철학적 정당화에 관해 알아본다.

6장 로봇 너지: AI의 기능이 인간의 정서에 미치는 영향에 관해 살펴본다.

7장 온정주의: 도덕적 AI가 자율성 훼손이 아닌 온정주의적 '설득'임을 논증한다.

8장 소크라테스식 대화자: 설득의 방안으로 소크라테스식 '산파술'에 관해 알아본다.

9장 세부 논의의 딜레마: AI를 통한 향상 반대론자들의 주장과 달리 논의 과정에서 나타나는 '디테일의 악마'에 관해 살펴본다.

10장 AI와 도덕 교육: 도덕성 확보가 인간의 책임이라는 전제 아래 AI를 도덕 교육에 활용하는 방안에 관해 알아본다.

참고문헌

이을상(2022). 《도덕적 생명 향상》. 커뮤니케이션북스.

Bentham, J.(1789). *An Introduction to the Principles of Morals and Legislation*. 강준호 옮김(2013). 《도덕과 입법의 원칙에 대한 서론》. 아카넷.

Borenstein, J. & Arkin, R.(2016). Robotic nudges: the ethics of engineering a more socially just human being. *Science and Engineering Ethics, 22*, pp.31~46.

Crockett, M. J., et al.(2008). Serotonin Modulates Behavioral Reactions to Unfairness. *Science, 320*, 1739.

De Dreu, K. W., et al.(2010). Neuropeptide Oxytocin Regulates Parochial Altruism in Intergroup Conflicts among Humans.

Science, 328, pp.1408~1411.

Douglas, T.(2008). Moral Enhancement. *Journal of Applied Philosophy, 25*(3), pp.228~245.

Giubilini, A. & Savulescu, J.(2017). The Artificial Moral Advisor. The 'Ideal Observer' Meets Artificial Intelligence. *Philosophy & Technology, 31*, pp.169~188.

Haidt, J.(2012). *The Righteous Mind.* 왕수민 옮김(2014). 《바른 마음》. 웅진지식하우스.

Insel, T. R., et al.(2004). How the Brain Processes Social Information: Searching for the Social Brain. *Annual Review of Neuroscience, 27*, pp.697~722.

Kant, I.(1786). *Grundlegung zur Mataphysik der Sitten.* 백종현 옮김(2012). 《윤리 형이상학 정초》. 아카넷.

Klincewicz, M.(2016). Artificial intelligence as a means to moral enhancement. *Studies in Logic, Grammar and Rhetoric, 48*(61), pp.171~187.

Kosfeld, M., et al.(2005). Oxytocin Increases Trust in Humans. *Nature, 435*(7042), pp.673~676.

Lara, F. & Deckers, J.(2020). Artificial Intelligence as a Socratic Assistant for Moral Enhancement. *Neuroethics, 13*, pp.275~287.

Persson, I. & Savulescu, J.(2008). The Perils of Cognitive Enhancement and the Urgent Imperative to Enhance the Moral Character of Humanity. *Journal of Applied Philosophy, 25*(3), pp.162~177.

Persson I. & Savulescu J.(2012), *Unfit for the Future: the Need for Moral Enhancement,* Oxford University Press. 추병완 옮김(2015), 《미래 사회를 위한 준비: 도덕적 생명 향상》, 도서출판 하우.

Persson, I. & Savulescu, J.(2017). Moral Hard-Wiring and Moral Enhancement. *Bioethics, 31*(4), pp.286~295.

Savulescu, J. & Maslen, H.(2015). Moral Enhancement and Artificial Intelligence: Moral AI?. In J. Romportl et al.(eds.). *Beyond Artificial Intelligence.* Springer.

van Wynsberghe, A., et al.(2018). Critiquing the reasons for making artificial moral agents. *Science and Engineering Ethics, 25*, pp.719~735.

Wai Tse, S. & Bond, A. J.(2002). Serotonegic Intervention Affects Both Social Dominance and Affiliative Behaviour. *Psychopharmacology, 161*, pp.324~330.

Wood, R. M., et al.(2006). Effects of Tryptophan Depletion on the Performance of an Iterated Prisoner' Dilemma Game in Healthy Adults. *Neuropsychopharmacology, 31*(5), pp.1075~1084.

Zak, P. J.(2012). *The Moral Molecule: The Source of Love and Prosperity.* Dutton.

01
도덕적 행위자로서 AI의 한계

AI가 어떻게 인간을 도덕적으로 만들 수 있을까? AI는 인간이 만든 기계다. 기계가 인간과 상호 작용하려면, 스스로 사고하고, 인간의 감정과 욕구에 반응할 수 있어야 할 것이다. 이러한 AI의 출현이 아직 요원한 가운데 AI에 의한 도덕적 향상 방안이 제안되었다.

AI와 1인 창업?

기계 윤리의 등장과 그 한계

인공지능(AI)이란 -그 기술적 정의에 따르면- 컴퓨터로 인간의 지능을 '모형화(Modeling)'하는 기술을 말한다. 따라서 AI는 인간의 지능과 같은 것이 아니다. 그렇다고 AI가 인간의 지능과 전혀 이질적인 것도 아니다. 이러한 관계를 우리는 '준동형체(Homomorphism)'라 부른다. 준동형체란 AI가 인간의 지능을 모형화함으로써 생겨난 것을 말한다. 이러한 지능의 모형화로 패턴화가 일어나고, 패턴의 인식을 '학습'이라 부른다. 컴퓨터가 학습 능력을 갖추면, 마침내 인간의 언어 인식은 물론이고, 감정 처리까지 가능한 AI가 만들어진다.

이렇게 AI의 사용이 우리 생활 속에서 보편화하면, 필연적으로 생겨날 새로운 창발적 해악(이른바 데이터 편향성의 문제, 자율주행 자동차의 안전성 문제 등)에 관해 우리는 우려하지 않을 수 없다. 이것은 순전히 AI의 등장과 함께 생겨난 해악이다. 이러한 해악은 한편으로는 AI와 인간의 지능이 충돌하면서 일어날 것이고, 다른 한편으로는 AI와 AI가 갈등하면서 일어날 것이다. 이러한 충돌과 갈등을 조정하고 우리의 도덕적 우려를 불식하려는 상징적 시도가 아시모프(I. Asimov) '로봇의 3원칙'이다(고인석, 2011).

원칙 1: 로봇은 인간을 다치게 하거나, 위험에 처한 인간을 방관해서도 안 된다.

원칙 2: 로봇은 인간이 내린 명령에 복종해야 한다. 다만 명령이 원칙1과 상충되는 경우에는 예외로 한다.

원칙 3: 로봇은 원칙 1, 원칙 2와 갈등하지 않는 한, 자신을 보호해야 한다.

이 원칙들에 의해 인간과 로봇 사이에는 새로운 관계가 설정될 것이다. 이 관계에서 볼 때 로봇은 한갓 '기계'(대상)가 아니라 (주체적) '행위자'로 된다. 이러한 주체적 행위자는 도덕적으로 행동해야 한다. 이렇게 되면 인간과 로봇 간에 명실상부한 윤리적 관계가 성립할 것이고, 여기서 '기계 윤리'도 나온다.

기계 윤리란 기계(예를 들어 '자율주행 자동차')가 윤리적 원칙을 부여받은 알고리즘 체계를 말한다. 여기서 우리는 종래의 '자동 기계(일반 자동차)'와 '자율 기계(자율주행 자동차)'를 분명히 구분할 필요가 있다. 주어진 조건 아래서 입력된 명령을 수행한다는 점에서 자동 기계나 자율 기계는 같은 임무를 수행한다. 그러나 자율 기계는 입력된 명령을 스스로 판단하여 자신의 행위를 결정한다. 이 점에서 자율 기계는 자동 기계와 다르다. 이 자율 체계가 로봇(즉 AI)에 도덕적 행위자로서 지위를 부여받는다. 그래서 기계 윤리의 등장은 이론적으로는 물론이고, 실천적으로도 의미 있는 일일 것이다. 윤리적 딜레마에 직면하면, 기계 스스로 딜레마를 해소하기 위한 절차를 모색하게 될 것이기 때문이다(Anderson et al., 2011: 1). 이렇게 기계가 윤리적 결정을 내릴 수 있다면, 기계는 윤리적으로 책임 있는 방식으로 작동하게 될 것이다. 이것은 (인간의 개입 없이) 기계가 실천적으로 자율성을 띠게 됨을 의미한다.

이것은 실로 엄청난 사건이다. 이렇게 자율적이고 도덕적인 판단 능력을 갖춘 AI를 우리는 '인공적 도덕 행위자'(AMA, Artificial Moral Agent)라 부른다. 무어는 인공적 도덕 행위자를 다음과 같이 네 개의 유의미한 차원(종류)에서 구분한다(Moor, 2011: 15~20).

① 윤리적 영향을 주는 행위자(Ethical-impact agents): 행위 자체는 윤리적이라고 할 수 없지만, 윤리적 영향을 낳는 원인 제공자의 역할을 하는 행위자다. 예를 들어 카타르에서 낙타를 안내하는 로봇 기수가 어린 소년을 대신함으로써 이들을 노예 상태에서 해방했다.

② 암묵적 윤리 행위자(Implicit ethical agents): 설계자의

프로그램에 따라 윤리적으로 행동하도록 자동화된 행위자다. 이것은 윤리적 행위를 지원하거나 최소한 비윤리적 행위를 피하는 방식으로 프로그램된 기계다. 이 기계는 윤리적 원칙을 따르는 설계자에 의해 행동의 제한을 받는다. 은행이나 고객을 속이지 않도록 프로그램된 현금 자동 입출금(ATM) 기기와 승객의 안전을 떠맡은 비행기 자동 항법 장치가 그 예다.

③ 명시적 윤리 행위자(Explicit ethical agents): 주어진 상황에서 윤리적 범주를 사용하여 무엇이 도덕적인지 스스로 판단하여 움직이는 행위자다. 이는 윤리적 딜레마에서 – 컴퓨터가 체스를 두는 방식으로– 최선의 행동을 계산할 수 있다. 다시 말해 이들은 현재 상황을 대표할 수 있고, 그 상황에서 어떤 행동이 가능한지 알고, 그 행동을 일부 윤리적 이론의 관점에서 평가할 수 있다.

④ 온전한 윤리 행위자(Full ethical agents): 의식, 의도성, 자유의지 등을 지니고 도덕적 범주를 사용하여 도덕 판단을 내리고 행동하는 행위자. 일반적으로 인간 성인이 이에 속한다.

도덕 행위자를 ④와 같이 규정한다면, (약한) AI는 도덕 행위자로 불릴 수 없다. 왜냐하면 ④의 온전한 윤리 행위자는 오직 이성적 판단 능력을 갖춘 호모 사피엔스에만 국한될 것이기 때문이다. 그러나 AI를 온전한 윤리 행위자로 간주하는 이른바 '도덕적 튜링 검사'를 통과한다면, 사정은 달라질 것이다(Allen, 2000). 이것은 기계가 윤리적 딜레마에 대한 올바른 대답을 그 정당성과 함께 제시할 수 있음을 의미하기 때문이다. 이때는 인간과 기계를 구분할 근거가 없어지고 말 것이다. 그러나 존 설이 일찍이 '중국어 방 논변'에서 튜링 검사의 통과가 인간과 AI의 '동형체'를 의미하지 않는다는 점을 논증했다(Searle, 1980: 420). 설의 실험은 AI가 온전한 도덕 행위자가 되는 길이 아직 요원함을 보여 주기에 충분하다.

AI에 의한 인간의 도덕성 향상

이렇게 오늘날 AI가 많은 기술적 한계에 직면해 있는 것도 사실이다. 그런데도 우리가 기계 윤리를 천착하는 까닭은 AI의 '소프트웨어'에 몇 가지 윤리적 지침을 지정하면, AI를 새로운 수행에 활용할 수 있음이 확인되었기 때문이다. 그것도 다름 아닌 AI를 인간의 도덕성 향상에 이용할 수 있다는 점이다. 예를 들어 내가 '공정 경제'를 선호하고, 그래서 (에티오피아의) 어린아이와 여성의 노동력을 착취하여 수확된 다국적 기업의 커피를 마시지 않겠다고 스스로 다짐한다고 치자. 그러나 실제로 상점에서 커피 원두를 사거나 커피점에서 내가 커피를 주문할 때, 이를 확인하는 일은 좀처럼 쉽지 않다. 물론 바코드로 원산지와 생산 이력을 확인하면 가능한 일일 것이지만, 이마저도 귀찮고 성가실 때가 많다. 이때 소프트웨어가 일일이 알려 준다면, 이로써 나는 공정 경제를 성공적으로 실천할 수 있지 않을까?

이렇게 실천적 판단에 즈음하여 나는 소프트웨어에 의존하고, 이로써 도덕성을 명실상부하게 실천할 기회가 점점 늘어난다면, 그것은 바야흐로 AI가 적극적으로 나의 도덕적 판단에 관여하는 시대에 접어든 것을 의미하게 될 것이다. 이 지점에서 AI는 (무어가 말하는) '명시적인 윤리 행위자'로서 지위를 얻게 될 것이다. 그러면 우리는 이 명시적인 윤리 행위자인 소프트웨어를 도덕적 향상을 위해 활용할 수 있을 것이다. 오늘날 자본주의 사회에서 우리가 ―커피 한 잔을 마시는 것도 이와 같을진대― 그 소통 과정이 너무나 엉클어진 사회관계 또는 대인 관계에서 인간 본연의 도덕적 본성에 따라 판단하기란 거의 불가능하다. 이러한 상황에서 도덕적 판단을 AI에 맡긴다면, 우리는 좀 더 올바른 도덕적 결정을 기대할 수 있지 않을까? 이것이 바로 '도덕적 AI 향상'의 방안이다.

이러한 도덕적 향상 방안도 근본적으로는 기계 윤리에서 비롯된 것이지만, 기계 윤리는 그 자체로 인간의 도덕적 향상을 목표로 하는 것이 아니다. 이 점에서 도덕적 AI 향상은 기계 윤리와 다르다. 기계 윤리의 근본 목표는 기계를 도덕적 의사 결정자로 만들려는 데 있다. 그래서 기계 윤리는 AI가 곧 윤리적 행위자임을 선언한다. 이와 달리 도덕적 AI 향상은 AI를 인간의 도덕성 향상에 활용하려는 전략이다.

이러한 전략의 실현 가능성을 우리는 '유비쿼터스 컴퓨팅' 또는 '주변 지능'에서 찾아볼 수 있다. 유비쿼터스 컴퓨팅 또는 주변 지능이란 여러 센서와 데이터베이스에서 정보를 수집하여 그 시스템 사용자에 대한 기능적 관련성에 따라 정보를 처리하는 체계를 말한다. 이러한 정보 처리 체계 덕분에 AI는 인간 삶의 질을 획기적으로 향상할 수 있을 것이다. 물론 이러한 삶의 질 향상이 직접 인간의 도덕적 행동을 개선하지 못하더라도, AI는 우리의 도덕적 향상에 공헌할 것이다. 그것은 곧 AI가 도덕적 상황을 해석하고, 적절하게 숙고하며, 무엇보다 어떤 (정당한) 이유에 따라 행동하게 함으로써 가능하다.

이러한 도덕적 AI 향상 방안은 본래 '도덕적 생명 향상' 방안에 대한 대안으로 제시되었다. 일찍이 도덕적 생명 향상 방안은 인간이 도덕적으로 행동하지 못하는 이유를 인간의 생물학적 '결핍'에 기인한다고 보았다. 그래서 약리학적, 생명공학적 개 다른 사람에 대한 신뢰도를 높이고, 다른 사람과 협력하려는 욕구를 조성하는 것이 생명 향상 방안의 목표였다. 하지만 도덕적 행동에는 이러한 생명적 '의도'뿐만 아니라 인지적 '판단'도 중요하게 작용한다. 그래서 AI는 —생명 향상 방안과 달리— 이러한 인지적 판단에 초점을 맞춘다.

참고문헌

고인석(2011). "아시모프의 로봇3법칙 다시 보기". 《철학연구》, 93, 97~120쪽.

Allen, C.(2000). Prolegomena to any future artificial moral agent. *Journal of Experimental & Theoretical Artificial Intelligence, 12*(3), pp.251~261.

Anderson, M., et al.(2011). General Introduction. In Anderson, M. et al.(eds.). *Machine Ethics.* Cambridge University Press.

Moor, J. H.(2011). The Nature, Importance, and Difficulty of Machine Ethics. In Anderson, M. et al.(eds.). *Machine Ethics.* Cambridge University Press.

Searle, J. R.(1980). Minds, Brains, and Programs. *Behavioral and Brain Sciences, 3*(3), pp.417~457.

02
도덕적 AI 향상 방안

도덕적 AI 향상 방안은 근본적으로 기계로 인간의 도덕성을 함양하려는 전략이다. 오늘날 인간의 도덕성 함양은 우리 사회의 급격한 변화—'세계화', '민주화', '정보화'—에 즈음하여 인류의 근본 가치인 이타성과 공정성을 확산하는 데 초점이 맞춰진다. AI에 의한 인류의 근본 가치 확산이 어떻게 가능한지 우리는 두 개의 관점에서 살펴본다. 그 하나는 'AI에 전적으로 의존하는 방안'이고, 다른 하나는 'AI를 보조적으로 활용하는 방안'이다.

AI와 MBTI?

AI에 전적으로 의존하는 방안

AI에 '전적으로 의존하는 도덕적 향상 방안(Exhaustive enhancement)'은 먼저 인간보다 뛰어난 도덕적 능력을 지닌 '자율적 인공 행위자'를 만들고, 다음으로 우리가 도덕적 판단을 기계에 직접 호소함으로써 도덕적 향상을 꾀하려는 방안이다. 그러려면 AI 설계자는 먼저 자신이 타당하다고 생각하는 도덕성을 기계에 구축해야 한다. 이에 따라 기계는 자동으로 인간의 신념, 동기 그리고 행동을 구현할 것이다. 이것이 AI에 전적으로 의존하는 도덕적 향상 방안이다. 하지만 여기서는 '기계 윤리'가 우리의 도덕적 결정을 좌우하게 될 것이다.

이렇게 AI가 윤리적 행위자로서 지위를 얻게 되면, 인간의 (도덕적) 본성에 관해서는 비관적이면서 오직 AI의 가능성만 낙관적으로 보는 경향이 우리 사회를 지배하게 될 것이다. 왜냐하면 오늘날과 같은 과학기술 사회에서는 인간의 막연한 '감'보다 기계의 정밀성을 더 신뢰하는 경향이 있기 때문이다. 예를 들어 우리는 친자 관계를 확인하기 위해 막연한 신체적 유사성보다 DNA의 일치성에 더 의존하는 경향이 있다. 따라서 기계가 지배하는 인간의 실천적 상황에서는 기계 윤리가 인간에 관한 근원적인 불신을 불식할 가능성이 더 크다.

이러한 가능성을 디트리히가 적나라하게 표현했다(Dietrich, 2011: 531). 디트리히는 이 지구상에서 오직 윤리적인 로봇만이 서식하는 나은 세상을 만들기 위해 현행 인류를 멸종으로 이끄는 일이 미래의 과제라는 극단적 제안을 서슴지 않는다. 이 말은 언뜻 볼 때 '반인간적' 정서를 표명한 것으로 비칠 수 있지만, 엄밀히 따져 보면 '인간적인, 너무나 인간적인' 제안이 아닐 수 없다. 왜냐하면 이 윤리적 로봇이야말로 말 그대로 인간이 낳은 '마음의 아들'이기 때문이다(Moravec, 1988/2011). 로봇은 공학적으로 만들어진 기계다. 그러나 그 속에는 인간의 정신이 온전히 구현되어 있다. 그것도 가장 이상적인 형태로 구현되어 있다. 일찍이 우리는 인간을 그 신체적 외피에 따라 규정하는 것이 아니라 신체 속에 구현된 정신에서 (철학적으로) '이성적 존재'로 정의해 왔다. 반면에 동물은 생리학, 형태학상으로 우리와 유사성을 지녔음에도 이성적 능력이 결여되었다는 이유로 한갓 '기계'로 치부되기까지 했다(데카르트).

이러한 철학적 전통에서 볼 때 인간의 정신을 생물학적 신체가 아닌 공학적 기계 속으로 옮겨놓는다고 하여 하등 문제 될 것이 없어 보인다. 더욱이 서양의 근대 철학은 이성의 역할을 '도구 만드는 일(행위)'에서 찾았다.

오늘날 AI는 순전히 이러한 인간 이성의 노작이고, AI에는 인간의 정신이 온전히 구현되어 있다. 그래서 디트리히는 (미래의) 로봇을 '이성적 인간 2.0(Homo Sapiens 2.0)'이라 불렀다. 이것은 AI가 인간과 동형체임을 나타내는 말이다. 더욱이 2.0은 종래의 인간보다 도덕적으로 향상된 버전임을 의미한다. 다시 말해 이것은 인간의 덜 천사적인 결점을 보완한 '우리 본성의 나은 천사적' 요소를 구현했음을 의미한다(Pinker, 2012/2014: 23).

이렇게 세상을 도덕적으로 개혁하는 일은 역사시대 이후 인간이 꿈꿔 온 '이상향'이다. 종래에는 이러한 이상향 자체가 한갓 공상(꿈)에 그쳤다. 하지만 오늘날에는 AI가 상상을 현실화하는 '문지방' 역할을 한다. 이 문지방을 넘을지, 말지는 전적으로 우리 결단에 달린 문제다. 디트리히에 의하면 이 결단이 바로 '코페르니쿠스적 전회'다. 일찍이 칸트가 근대적 사고의 형성을 코페르니쿠스의 지동설에서 찾았듯이, 디트리히는 다시금 '인간중심주의적 발상법' 내지 '인간적 이념'의 완전한 배제(또는 전향)와 함께 새로운 'AI 시대'를 맞이할 것을 촉구한다. 이에 따르면 인간은 우주의 중심에 위치하는 유일한 존엄의 존재가 아니다. 미래 인간은 자신의 안전을 지키고 행위의 정당성을 인정받기 위해서는 새로운 원칙과 명령에 따라야 한다(이것은 곧 '초지능'의 도래를 염두에 둔 디트리히의 해석이다).

하지만 이러한 디트리히의 제안에 우리는 대체로 부정적이다. 그의 제안에는 미래의 (과학적) 발전상에서 비춰볼 때 AI가 현행 인류의 불완전한 도덕적 성향을 대신해 줄 것이라는 소망이 담겨 있다. 그렇다고 이러한 소망의 실현이 곧 현행 인류의 멸망을 부추기는 전제일 수는 없다. 엄밀한 의미에서 AI는 현행 인류가 이룬 문화적 산물이다. 이 말은 현행 인류가 없었더라면, AI도 존립할 수 없음을 뜻한다. 이러한 의미에서 인간을 파국으로 몰아가는 (전적으로 인간을 대신할) 기계 대신에, 도덕적으로 행동하는 기계가 만들어지기를 바란다. 그리고 도덕적 결정에 즈음하여 이 기계가 우리의 도덕성을 향상할 수 있기를 바란다. 이것이 AI를 '보조적으로 활용하는 도덕적 향상 방안(Auxiliary enhancement)'이다.

AI를 보조적으로 활용하는 방안

이러한 도덕적 기계가 만들어진다면, 이따금 비합리적인 자기중심주의나 집단적 편향에 의해 비도덕적 추론이 일어나는 인간의 결정을 대신하여 기계가 도덕적 결정을 내릴 수 있을 것이다. 기계는 변함없는 공평성과 일관성을 유지하고 정서적 영향에도 흔들리지 않을 것이기에 우리는 기계를 믿고 따를 수 있을 것이다. 하물며 기계는 옳은 일을 결단하는 데 조금도 지치지 않을 것이다. 인간 행위자가 올바른 도덕적 결정을 하지 못하는 까닭은 무엇보다도 인간의 '편향' 때문이다. 편향에서 자유로운 기계는 인간의 한계를 뛰어넘을 수 있을 것이다.

이것은 디트리히의 제안과 전혀 다른 국면이다. 그렇다고 인간의 도덕적 결정에 AI가 직접 개입하는 것도 아니다. AI는 나은 도덕적 판단을 위해 인간에게 조언하거나 도덕적 탐구 능력을 배양하게 하는 일에 국한될 것이다. 그래서 이 방안은 인간의 자율성과 존엄성을 해치지도 않을 것이다. AI에 전적으로 의존하는 방안이 인류의 미래 세대를 염두에 둔 것이었다면, 이 방안은 인류의 현세대를 위한 현실적 방안인 셈이다.

그렇다면 인류의 현세대를 위해 우리는 AI를 어떻게 활용할 것인가? 그것은 AI로 인간의 도덕적 판단에 필요한 자료를 수집하고 분석하게 하는 방식을 취하게 될 것이다(Savulescu & Maslen, 2015: 480). 이러한 자료 수집과 분석이 중요한 이유는 개인의 감정이나 직관에 따라 비합리적이고 편향된 모습으로 일어나는 우리의 도덕적 결정을 올바로 잡아 주기 위함이다. 우리의 도덕적 결정이 행위자 개인의 감정이나 직관에 따라 비합리적이고 편향된 모습으로 일어난다는 점은 최근에 도덕 심리학이 다양한 실험으로 증명했다(Haidt, 2012/2014). 이에 도덕적 향상을 위해 AI를 보조적으로 활용하는 방안은 인간의 도덕적 실천에 영향을 미칠 수 있는 상황을 분석하여 행위자에게 '목표를 최상으로 달성하는 방법'을 제안하거나(추병완, 2017: 10), 직관적 반응의 편향성을 지적하고 설득하며 조언하는 역할을 하게 하는 전략(최용성, 2021: 480)이다.

이렇게 AI를 보조적으로 활용함으로써 우리는 다양한 도덕적 향상의 가능성을 기대할 수 있을 것이다. 그것은 다음과 같다(박세원 외, 2024: 243). 첫째로 AI는 인간의 합리적인 도덕적 판단을 왜곡할 수 있는 감정과 직관적 판단을 보완하는 역할을 한다. 이를 통해 인간은 도덕적 이해를 더욱 균형 있게 발달시킬 수 있고, 도덕적인 선택을 할 때 직관적인 판단과 감정적인 영향을 최소화하여 합리적인 판단을 할 수 있을 것이다. 둘째로 AI는 인간의 물리적, 환경적 상태를 실시간으로 모니터링하고, 이를 기반으로 도덕적 결정을 내릴 때 고려해야 할 요소들을 제공한다. 이는 인간이 도덕적 판단에 영향을 주는 특징이나 원인을 조언해 더 나은 도덕적 판단을 할 수 있도록 도와줄 것이다. 셋째로 AI는 인간과의 지속적인 상호작용으로 인간의 도덕적 추론 및 탐구 능력을 강화한다. 이는 인간의 도덕적 사태를 더 심도 있게 이해하고, 다양한 관점에서 고려할 수 있도록 도와줄 것이다.

여기도 역시 문제는 있다. 그것은 인공적 도덕 행위자가 인간의 행위를 어떻게 제어할지에 관한 것이다. 이 물음과 관련해서는 일찍이 인간의 비도덕적 결정을 경고하는 칩을 뇌에 삽입하는 방안이 제안되었고(Persson & Savulescu, 2012: 412), 유비쿼터스(Ubiquitous) 또는 주변 지능을 활용하는 방안 등도 다양하게 모색되고 있다(Ramos et al., 2008). 어쨌든 이것은 기계를 인간에게 부착하는 기술적 문제이고, 기술 공학이 담당해야 할 몫이다.

그래도 문제는 남는다. 그것은 우리가 도덕적 결정을 전적으로 기계에 의존한다면, 인간의 자율성 훼손이 불 보듯 뻔하지 않은가? 그렇다고 기계를 도덕적으로 개발하지 않는다면, 무도덕적 기계(일종의 터미네이터)가 인간을 장악하여 마침내 기계에 우리가 예속될 수밖에 없을 것이다. 이러한 딜레마 상황에 빠지지 않기 위해서라도 우리는 도덕적 기계의 활용법을 적극 모색해야 할 필요가 있어 보인다.

참고문헌

박세원 외(2024). "약한 인공지능 기술을 활용한 도덕교육 방법 모색". 《교육과정연구》, 42(3), 233~251쪽.

최용성(2021). "도덕적 향상의 두 방향에 관한 성찰과 대안". 《도덕윤리과교육》, 73, 475~497쪽.

추병완(2017). "도덕적 인공 지능에 관한 비판적 고찰". 《윤리교육연구》, 44, 1~24쪽.

Dietrich, E.(2011). Homo Sapiens 2.0: Building the Better Robots of our Nature. In Anderson, M., et al.(eds.). *Machine Ethics.* Cambridge University Press.

Haidt, J.(2012). *The Righteous Mind.* 왕수민 옮김(2014). 《바른 마음》. 웅진지식하우스.

Moravec, H.(1988). *Mind Children.* 박우석 옮김(2011). 《마음의 아이들》. 김영사.

Persson, I. & Savulescu, J.(2012). Moral Enhancement, Freedom, and the God Machine. *The Monist, 95*(3), pp.399~421.

Pinker, S.(2012). *The Better Angels of Our Nature.* 김명남 옮김(2014). 《우리 본성의 선한 천사》. 사이언스북스.

Ramos, C., et al.(2008). Ambient Intelligence: The next step for Artificial Intelligence. *IEEE Intelligent Systems, 23*(2), pp.15~18.

Savulescu, J. & Maslen, H.(2015). Moral Enhancement and Artificial Intelligence: Moral AI?. In Romportl, J. et al.(eds.). *Beyond Artificial Intelligence.* Springer.

03
도덕적 향상을 위한 AI 활용법

도덕적 추론에 AI를 활용하는 것은 먼저 인간보다 뛰어난 능력을 지닌 '자율적 인공 행위자'를 만들고, 다음으로 우리가 도덕적 판단을 기계에 직접 호소함으로써 효과적인 도덕적 실천을 꾀하려는 전략이다. 이 전략이 성공하려면 무엇보다도 AI에 의한 도덕적 결정이 그 정당성을 부여받아야 한다. 그렇지 못하면 인간은 한갓 기계를 좇는 '수동적 존재(아바타)'에 지나지 않게 될 것이다.

여기서는 '도덕적 주체'인 인간이 얼마나 자율성을 가지고 기계를 활용할지가 관건이다.

AI와 난임 극복?

기계 의존성 비판과 그 대안

도덕적 판단을 기계에 호소할 때 우리가 우려하는 것은 설계자가 편향되거나 편협한 도덕성을 지님으로써 도덕성의 본질이 훼손될 것이라는 점이다. 실제로 이러한 우려는 오픈AI의 챗GPT가 '안중근'을 한갓 테러리스트로 묘사하는 등 현실로 나타나고 있다. 하지만 이러한 오류는 심층 학습으로 바로 잡을 수 있다. 그렇다 하더라도 우리가 도덕적 판단을 AI 체계에 전적으로 의존하는 방안에는 문제가 있다. 왜냐하면 그것은 엄밀한 의미에서 우리 스스로 내려야 할 고유한 도덕적 의사 결정을 기계에 '외주(Outsourcing)' 주는 꼴이기 때문이다(Vallor, 2015). 외주란 단순 노동에 의한 비용 절감 차원에서 행해지는 경제 행위를 일컫는 말이다. 이러한 의미에서 도덕의 외주는 '도덕적 단순 노동화'를 불러올 것이다. 그리고 단순 노동은 그다지 가치가 없음을 나타내는 말이니, 도덕의 외주화, 도덕적 단순 노동화란 결국 AI의 명령에 따른 결정이 도덕적으로 그다지 가치 없는 일임을 나타낼 것이다.

인간의 도덕적 향상은 행위의 주체로서 도덕적 추론으로 얼마나 자신의 도덕적 지위를 확립하느냐에 달려 있다. 그런데도 우리의 도덕적 추론이 위와 같이 탈가치

화한다면, 그것은 일찍이 아리스토텔레스가 좋은 삶의 본질적 요소로 인식했던 '도덕'을 우리 자신에게서 빼앗아 버리는 꼴이 될 것이다(Wynsberghe et al., 2018). 아리스토텔레스는 좋은 삶의 조건을 도덕적 이해가 삶을 지배하고, 실천으로 삶이 발전해 가는 그러한 삶의 영위에 두었다. 우리가 도덕적 결정을 AI에 전적으로 의존하는 방안도 본래 좋은 삶의 조건을 충족하기 위해 도덕적 결정 방식을 바꾸려는 의도에서 나왔다. 이 점에서 도덕적 판단을 AI에 전적으로 의존하는 방안도 아리스토텔레스 생각과 크게 다르지 않다. 그러나 AI는 좀 더 좋은 도덕적 결정에 도달하고, 결과적으로 좀 더 좋은 행동을 위해 주변 지능(자료 수집, 계산 및 업데이트)의 다양한 기능을 활용한다. 하지만 AI는 우리가 원하는 대로 도덕적 행위 능력을 향상하는 데까지 이르지 못할 것이다. 오히려 AI에 전적으로 따름으로써 우리의 의식적 추론과 합리적 숙고가 방해받게 될지 모른다. 그런 만큼 우리의 올바른 도덕적 향상을 위해서는 AI에 전적으로 의존하기보다 기계를 주체적으로 활용하는 방안이 모색되어야 할 것이다.

이 점은 AI의 보조적 활용을 염두에 둔 방식이다. AI의 보조적 활용은 먼저 정보를 처리할 수 있도록 기계에 행위자의 기준을 설정해 두고, 다음으로 행위자 자신이 결정을 내리기 전에 기계에 조언을 구하는 방식이다. 이렇게 하면 행위자는 수동적 지위에 머물지 않고, 자율성도 잃지 않을 것이다. 기계를 작동시키는 가치도 어디까지나 행위자의 가치다. 그러니 행위자 자신의 가치가 AI 체계를 구축하는 (고정된) 기준점이 된다. 여기서는 행위자가 자신의 도덕적 의사 결정에 주체적으로 참여한다는 점이 특징이다.

예를 들어 자신은 좋은 가톨릭 신자가 되고 싶지만, 특수한 상황에 어떤 가톨릭 원칙을 적용해야 할지 잘 모르는 사람이 있다고 치자. 그는 가톨릭 전문가가 설계한 도덕적 AI를 조언자로 선택한다면, 이로써 자신의 도덕적 관점이 가톨릭의 에토스와 일치한다고 확신을 가질 수 있을 것이다. 그러면 행위자는 가톨릭의 윤리 체계 내에서 '반성적 평형'에 도달할 것이다. 반성적 평형이란 어떤 원칙을 제시한 다음, 그것과 일치하지 않는 현상을 원칙에 비춰 상호 조정하는 일종의 '과정'을 말한다[이것은 도덕 원칙 간의 조화를 찾아가는 롤스(J. Rawls)의 개념이지만, 이 개념을 윤리학에 본격적으로 소개한 사람은 대니얼스다(Daniels, 1979)]. 이 조화를 찾아가는 과정에서 우리는 자기 생각을 수정하고, 심지어 원리 자체도

수정할 수 있을 것이다. 이처럼 행위자 개인의 생각을 다른 사람과 공유하는 상호 소통 개념을 우리는 반성적 평형으로 이해한다.

그러나 가톨릭 신자가 가톨릭의 윤리 체계 내에서는 조화를 이루더라도, 가톨릭에 반대하는 사람들 또는 비가톨릭 신자와 반성적 평형을 이루기는 말처럼 쉽지 않다. 이러한 갈등 상황의 해소에는 다시금 로스(W. D. Ross)의 '조건부 의무'가 대안이 될 수 있을 것이다. 조건부 의무란 여러 의무 중에서 우선순위에 따라 의무가 결정되는 것을 말한다. 그 기준으로 로스는 ① 선을 최대로 산출하는 것, ② 신중하고 분명하게 선택하는 것, ③ 다수의 의식 있는 사람이 선택한 것을 제시한다. 이러한 기준을 충족하는 조건부 의무에는 자신의 과거 행위로 인해 생기는 '신의(Fidelity)'와 '보상(Reparation)'의 의무, 타인의 과거 행위로 생기는 '보은(Gratitude)'의 의무, 가능한 최대 선을 행해야 하는 '선행(Beneficence)'의 의무, 타인에게 위해를 가하지 말아야 하는 '악행 금지(Nonmaleficence)'의 의무, 그리고 선의 극대화와 함께 공적에 따라 선을 균등하게 분배해야 하는 '정의(Justice)'의 의무, 자신의 지성과 덕행을 닦아야 하는 '자기 개선(Self-improvement)'의 의무가 있다(Ross, 2002:

21). 이것이 조건부 의무인 까닭은 상황에 따라 우선순위가 달라질 수 있기 때문이다. 어쨌든 우리는 이 조건부 의무에 따름으로써 넓은 의미에서 포괄적인 반성적 평형을 이뤄 낼 수 있을 것이다. 이 점에서 로스의 조건부 의무가 오늘날 다원적 민주주의 사회에서 가치 갈등을 해소하는 방안의 하나로 떠오른다는 점은 잘 알려진 사실이다.

도덕적 추론에 AI를 이용한 사례

이렇게 도덕 원칙과 의무를 AI에 탑재할 수 있다는 점은 전혀 새로운 이야기가 아닐 것이다. 실제로 AI를 보조적으로 활용하는 많은 프로그램이 이미 존재한다. 그 선구자는 1998년 시어링(D. Searing)이 고안한 '에토스 시스템(Ethos System)'일 것이다. 이 체계는 해리스(Ch. Harris) 등이 집필한 《공학윤리(Engineering Ethics)》(1995)를 효과적으로 학습하도록 고안된 컴퓨터 프로그램이다(Lara & Deckers, 2020: 282에서 재인용). 이 프로그램은 학생들에게 새로운 질문과 함께 종래의 입장을 다시 생각하도록 유도하는 비디오 자료와 인터뷰 자료를 제공한다. 이를 통해 에토스 시스템은 다음과 같은 두 가지 방식으로 윤리적 물음을 합리적이고 일관되게

풀어 가도록 행위자를 고무한다. 그것은 먼저 행위자가 자신의 도덕적 신념을 합리적으로 적용할 수 있는 이론적 틀을 제공하고, 다음으로 도덕적 딜레마를 해결하면서 도덕적 의사 결정자가 취하는 단계적 결정을 기록하여 나중에 행위자가 각 단계를 반추해 볼 수 있게 하는 것이다. 하지만 에토스 시스템은 AI에 탑재된 알고리즘이 아니다.

에토스 시스템과 인간의 도덕적 결정에 관여하는 AI의 알고리즘으로는 '메드에스엑스(MedEthEx, Medical Ethics Expert)'와 '트루스텔러(Truth-Teller)'가 있다. 먼저 메드에스엑스는 비첨과 차일드(T. L. Beauchamp & J. F. Child)의 '생의윤리학의 원칙들'을 근거로 문제를 진단하는 AI 프로그램이다(Anderson et al., 2005). 그것은 이른바 '다중 의무 윤리 이론(Multi-duty ethical theory)'에 기초하여 의료윤리의 문제를 해결하는 데 도움을 주기 위해 고안되었다. 이를 위해 메드에스엑스는 자율성 존중, 해악 금지, 선행, 정의 등 생의윤리학의 네 원칙을 로스의 '조건부 의무'에 따라 상대화했다. 메드에스엑스는 생의윤리학의 네 원칙에 따르지만, 동시에 가치 갈등 상황에서는 조건부 의무의 우선순위 결정에 따르도록 프로그램되어 있다.

다음으로 트루스텔러는 '결의론'의 관점에서 윤리적 딜레마를 서술하는 프로그램이다(McLaren, 2006). 결의론은 철학에서 확실성의 문제로 인해 오래전에 폐기되었지만, 오늘날 생의윤리학에서는 일종의 '윤리적 직관법'으로 다시금 각광받고 있다. 트루스텔러의 특징은 주어진 문제를 모범적 사례, 현실적 사례, 가설적 사례에 따라 비교, 분석한다는 점에 있다. 이때 트루스텔러는 –메드에스엑스가 사례 평가에서 일반화된 원칙에 초점을 맞추는 것과 달리– 특수 사례 제시와 사례 비교에 중점을 둔다. 그리하여 트루스텔러는 딜레마 상황에서 양쪽을 비교하여 윤리적으로 관련 있는 유사점과 차이를 (프로그램의 입장에서) 정리하여 사용자에게 전달한다. 동시에 이 프로그램은 전달 내용을 ① 두 사례 모두에 적용했을 때, ② 어느 한쪽에 강력하게 적용했을 때, ③ 오직 한 사례에만 적용했을 때로 구분하여 조목조목 분석한다. 이 분석이 전달 내용의 진실을 보여 줄 것이다.

여기서 우리는 메드에스엑스와 트루스텔러의 기능적 차이를 쉽게 알 수 있다. 메드에스엑스는 AI를 갈등 상황 해소를 위한 '조언자'로서 활용하는 반면에 트루스텔러는 소크라테스적 목표 추구에 가깝다. 트루스텔러가 AI를 활용한 인간의 도덕적 향상을 위한 가능성을 열었다는 점은 매우 고무적이다. 하지만 AI를 보조적으로 활용하는 방안에는 여전히 문제가 있다. 그것은 AI의 보조적 활용 방식도 여전히 '기계 의존성'을 극복하지 못한다는 점이다. 우리의 도덕적 향상은 내면의 도덕적 반성을 불러일으켜 새로운 도덕적 선택을 하게 하는 것이 핵심이다. 그러나 기계 의존성은 인간의 행동을 '틀에 박힌 수법(Mannerism)'에 빠트려 도덕적 '회심(回心)' 자체를 못하게 할 가능성이 있다. 왜냐하면 미리 설정된 가치 목록이나 윤리 원칙은 행위자가 도덕적으로 반성하는 것을 방해할 수 있기 때문이다. 따라서 도덕적 향상은 행위자와 AI 간의 상호 소통으로 행위자의 도덕적 회심 가능성을 높여야 한다.

참고문헌

Anderson, M., et al.(2005). MedethEx: Toward a medical ethics advisor. *Proceedings of the AAAI fall symposium on caring machines: AI in elder care, technical report FS-05-02*, pp.9~16.

Daniels, N.(1979). Wide Reflective Equilibrium and Theory Acceptance in Ethics. *The Journal of Philosophy*, pp.256~282.

Lara, F. & Deckers, J.(2020). Artificial intelligence as a socratic assistant for moral enhancement. *Neuroethics*, 13(3),

pp.275~287.

McLaren, B. M.(2006). Computational Models of Ethical Reasoning—Challenges, Initial Steps, and Future Directions. *IEEE Intelligent Systems, 21*(4), pp.297~315.

Ross, W. D.(2002). *The Right and the Good.* Oxford University Press.

Vallor, S.(2015). Moral deskilling and upskilling in a new machine age. *Philosophy and Technology, 28*(1), pp.107~124.

van Wynsberghe, A., et al.(2018). Critiquing the reasons for making artificial moral agents. *Science and Engineering Ethics, 25*, pp.719~735.

04
도덕적 AI

도덕적 AI는 ―기계 윤리에 의존하는 '자율적 도덕 행위자'와 달리― 일차적으로 자료를 수집하고 업데이트한다. 이렇게 업데이트된 자료를 바탕으로 AI는 인간 행위자에 도덕적 결정에 영향을 미친다. 이러한 AI의 영향을 사불레스쿠와 마슬렌은 '도덕적 감시자' 역할과 '도덕적 조언자' 역할로 나누어 고찰한다. 이 두 역할이 도덕적 향상을 위한 AI 보조적 활용의 핵심이다.

AI와 사주?

도덕적 감시자로서 AI

낯선 사람보다 친숙한 사람을 배려하고, 남보다 자기 친족을 챙기는 것은 '인지상정(人之常情)'이다. 인지상정이란 말 그대로 감성적 직관과 정서적 반응에 의존하여 즉흥적으로 도덕적 결정을 내린다는 뜻이다. 이러한 인지상정이 종래의 상식 도덕을 꽃피웠다. 하지만 오늘날 세계화, 민주화, 정보화된 사회에서는 이러한 상식 도덕이 올바른 도덕적 결정을 저해하는 요인이다. 왜냐하면 오늘날 세계화, 민주화 정보화된 사회에서는 지구적 규모의 이타성과 공정성이 요구되기 때문이다.

사정이 이러함에도 우리의 도덕성은 여전히 상식 도덕 수준에 머물러 있고, 도덕적 결정은 감성적 직관과 정서적 반응에 의존한다. 실제로 도덕적 결정이 직관과 정서적 반응에 의존한다는 사실은 과학적으로도 증명된다. 예를 들어 수면 시간이 부족한 미군 장교가 원칙적으로 성숙한 도덕적 판단을 내리지 못하고(Olsen et al., 2010), 공복 기간이 길어질수록 재판관은 피고에게 호의적으로 판결하지 않는다는(Danziger et al., 2011) 실험 결과가 보고되었다. 이렇게 도덕적 결정이 행위자의 직관과 정서적 반응에 의존한다는 경험 과학적 사실은 과학기술이 발달하고 급속히 세계화가 진행된 우리 사회에서 도덕적 갈등 해소가 새로운 과제임을 말해 준다. 실제로 오늘날 도덕 문제는 기후 위기와 자원의 고갈, 인종 갈등, 경제 착취와 같은 지구적 차원에서 발생한다. 하지만 우리 도덕 심리는 이러한 문제에 효과적으로 대응하게끔 진화하지 않았다.

이러한 상황에서 우리가 도덕적 향상에 나서는 것은 중요한 '대응 전략'이 아닐 수 없다. 이와 관련된 학술적 논의는 지금까지 —잘 알려진 것처럼— 생의학적 개입에 초점이 맞춰졌다. 그러나 생의학적 개입 효과는 제한적이다. 하물며 어떤 특수한 생의학적 효과를 도덕적 향상으로 개념화하는 것도 특정한 도덕적 가치를 받아들이는 것에 좌우된다. 그마저도 논란이 많다. 이에 제3의 방안으로 제시된 것이 'AI 향상' 방안이다. 오늘날 인간 행위자의 자연적 심리의 한계를 극복하고, 인간을 도덕적으로 향상하는 AI를 사불레스쿠와 마슬렌은 '도덕적 AI(Moral AI)'라 불렀다(Savulescu & Maslen, 2015: 80). 도덕적 AI는 '기계 윤리'에 의존하는 '인공적 도덕 행위자'와는 근본적으로 다르다. 이러한 도덕적 AI는 일차적으로 자료를 수집하고 업데이트한다. 그리고 이 업데이트된 자료를 이용하여 AI는 인간 행위자의 도덕적 결정에 영향을 미칠 잠재력과 편향을 경고하고 완화해 줄 것이다. 그리고 AI는 인간 행위자가 의도한 특수한 행위 과정에 관해서도 조언할 수 있을 것이다.

이렇게 도덕적 AI가 할 수 있는 일련의 역할을 사불레스쿠와 마슬렌은 크게 '도덕적 감시자'와 '도덕적 조언자'로 나누어 본다(Savulescu & Maslen, 2015: 84). 도덕적 감시자의 기능에는 다시금 '도덕적 환경 감시자', '도덕적 조직자', 그리고 '도덕적 촉진자'가 있다. 이 점에 관해 살펴보자.

① 도덕적 환경 감시자

인간의 도덕성은 행위자의 신체적 상태나 환경에 의해 지대한 영향을 받는다. 그래서 AI가 인간 행위자와 행위자의 환경을 감시한다. 일련의 과학자들은 -이미 언급한- 수면이나 공복 상태 외에도 생리적 흥분 상태, 자신감의 저하, 호르몬과 신경전달물질의 수준, 특수한 심리, 행동적 물질의 섭취와 대사, 소란과 붐빔 등과 같은 환경적 열기에 쉽게 물든다는 점을 입증했다. 이에 도덕적 AI가 인간 행위자의 생리 상태나 심적 상태, 주변 환경을 감시하고 경고하고, 인간 행위자의 내적, 외적 상태가 도덕적 판단이나 행동에 부당하게 작용할 때는 이를 배제하도록 조언한다. 이것이 '도덕적 환경 감시자(Moral

Environment Monitor)'다.

② 도적적 조직자

인간 행위자가 특수한 방식으로 행동하지 않는다면, 그는 도덕적 목표를 쉽게 벗어날 경우가 있다. 이때 도덕적 AI가 적절한 도덕적 목표를 설명함으로써 인간 행위자를 도와준다. 예를 들어 내가 일정한 금액을 자선 단체에 기부하고 싶다면, ―나의 경제 사정을 고려하여― 구체적으로 얼마를, 어디에, 언제, 어떤 방식으로 기부할지를 알려줄 것이다. 이것이 '도덕적 조직자(Moral Organiser)'다.

③ 도덕적 촉진자

인간 행위자가 어떤 특수한 도덕적 결정을 하려면, AI는 행위자가 어떤 특수한 도덕적 고려를 하도록 하고, 어떤 상황에 특수한 편향을 알아차리도록 할 것이다. 이것이 '도덕적 촉진자(Moral Prompter)'다. 그러면 인간 행위자는 자신이 확인한 도덕적 가치를 고려하여 합당한 행동을 하게끔 유도될 것이다.

도덕적 조언자로서 AI

위에서 말한 도덕적 촉진자로서 AI가 합당한 행동을 인간 행위자에게 제시해 준다면, 무엇이 합당한 행동인지에 대한 객관적 기준이 있어야 할 것이다. 다시 말해 일차적으로 AI의 하부 체계가 어떤 가치를 우선 취급할지가 미리 결정되어야 한다. 그러려면 도덕적 행위에 영향을 주는 가치 목록이 작성되어야 할 것이다. 다음으로 가치의 우선성을 결정하기 위한 '가중치'를 얼마만큼 부과할지도 문제가 될 것이다. 이러한 결정 기준을 AI에 미리 정해 놓고, 이를 따르게 하는 것이 '도덕적 조언자(Moral advisor)'다.

도덕적 조언자는 인간 행위자가 따라야 할 '가치 목록'과 가중치를 정하는 도덕적 AI의 핵심적 역할을 담당한다. 하지만 가치 목록에 어떤 가치를 넣을지 가중치를 얼마로 정할지는 말처럼 쉬운 일이 아니다. 왜냐하면 가치를 결정하는 절대적 기준이 있는 것이 아니라 시대와 장소에 따라 선호 가치가 다르기 때문이다. 예를 들어 고대 그리스에서는 플라톤이 '용기'와 '절제', '지혜'라는 덕목과 이 덕목이 조화를 이룬 상태인 '정의'를 가치 결정의 최고 기준으로 삼았다. 이것은 전쟁이 만연한 농경사회에서 살아남기 위한 일종의 처세술로 보인다. 하지만 오늘날 세계화, 민주화, 정보화된 사회에서는 이러한 고전적 덕목보다 자율, 공정, 선의, 준법정신 등이 더 중요한 가치 목록으로 주목받는다. 이에 사불레스쿠와 마슬렌이 제시한 가치 목록을 보면 다음과 같다(Savulescu & Maslen, 2015: 88).

- 자율성
- 선의
- 악행 금지
- 정의/공정
- 준법
- 환경 보호
- 가족/의미 있는 인간관계
- 의무 이행/책무, 약속 지키기
- 유용성의 극대화

사불레스쿠와 마슬렌은 이 가치 목록이 오늘날 우리 사회가 요구한 조건을 반영한 것이라 밝혔다. 물론 완벽한 것은 아니다. 하지만 이들은 각 가치에 대해 다음과 같이 가중치를 부여함으로써 각 가치 간의 '반성적 평형'에 이르게 할 것을 제안한다. 어떤 가치 목록을 내가 강력하게 고려한다면 1, 약간 고려한다면 0.5, 전혀 고려하지 않는다면 0의 가중치를 부여하는 것이다. 이제 AI는 이 가중치에 따라 인간 행위자가 그 가치를 그대로 유지할지, 다른 가치와 타협할지 계산한다.

하지만 이것은 행위자가 해야 할 행위를 엄밀하게 계산한 것이라기보다 인간 행위자 자신이 자기 행동을 반성하도록 하는 체계다. 이러한 반성적 계산은 특히 제한적인 지구 자원을 효율적으로 분배할 때는 유용할 것이다. 이때 일차적으로 부딪치는 문제는 누가 가중치를 정할 것인지다. 누가 결정하더라도 우리는 주관적 편향성 논란에서 벗어날 수 없다. 더욱이 심각한 것은 가중치 비율을 정하는 문제다. 여기서 우리는 자의성 논란에서 벗어날 수 없을 것이다. 하지만 이러한 경우에 기계가 한다면 인간보다 더 공정한 판단을 내릴 수 있으리라는 실험적 보고도 있다(Pontier et al, 2012).

이러한 AI의 도덕적 조언자 역할은 이에 그치지 않고, 위에서 말한 환경 감시와 도덕적 조직의 결과에 대해서도 상황에 적합한 조언을 할 수 있을 것이다. 예를 들어 테스토스테론(Testosterone) 호르몬 수치가 높거나 수면 부족 상태에서는 우리가 공리적으로 결정하는 경향이 있다(Montoya et al, 2013). 이러한 경우라면 AI는 인간 행위자에게 좀 더 신중하고 적법한 판단을 하라고 조언할 수 있을 것이다.

그 밖에도 사불레스쿠와 마슬렌은 도덕적 AI가 해야 할 역할 가운데 하나로 '비도덕적인 것으로부터 보호(Protection from the immoral)'를 들었다(Savulescu & Maslen, 2015: 89). 이것은 근본적으로 AI가 생체 인식, 뇌의 인지 기능 스캔 등에 의해 거짓말을 하거나 나쁜 의도를 갖는 것을 원천적으로 차단해 주는 것을 뜻한다. 하지만 이러한 기술은 인간의 '자율성' 훼손과 '프라이버시 보호'라는 새로운 도덕적 문제를 일으킬 소지가 있다. 이 점은 중요하기에 좀 더 자세히 따져 봐야 할 문제다(7장 참조).

어쨌든 도덕적 AI가 인간 행위자의 도덕적 결정을 수월하게 해 줄 것은 틀림없어 보인다. 이와 별도로 우리는 왜 이러한 도덕적 AI를 요구하는지, 그리고 이러한 우리 요구가 어떻게 정당화될 수 있을지 숙고할 필요가 있다.

참고문헌

Danziger, S., et al.(2011). Extraneous factors in judicial decisions. *Proceedings of the National Academy of Sciences, 108*(17), pp.6889~6892.

Montoya, E. R., et al.(2013). Testosterone administration modulates moral judgments depending on second-to-fourth digit ratio. *Psychoneuroendocrinology, 38*(8),

pp.1362~1369.

Olsen, O. K., et al.(2010). The impact of partial sleep deprivation on moral reasoning in military officers. *Sleep, 33*(8), pp.1086~1090.

Pontier, M. A., et al.(2012). Toward machines that behave ethically better than humans do. *Proceedings of the 34th International Annual Conference of the Cognitive Science Society*, pp.2198~2203.

Savulescu, J. & Maslen, H.(2015). Moral enhancement and artificial intelligence: Moral AI?. In Romportl, J. et al.(eds.). *Beyond Artificial Intelligence*. Springer.

05
이상적 관찰자

오늘날 우리 사회생활은 날로 복잡하고 다양해지고 있다. 이러한 상황에서 직관적이고 정서적 반응으로 일어나는 우리의 도덕적 결정은 말 그대로 불완전할 수밖에 없다. 이때 외부에서 누군가 우리의 도덕적 결정을 도와줄 수 있다면, 우리는 도덕적으로 올바른 판단을 내릴 수 있을 것이다. 그러면 인간 행위자의 결정에 대한 AI의 개입이 필연적인데, 이러한 개입을 정당화하는 논거로 퍼스의 '이상적 관찰자'론이 거론된다.

AI와 아이돌?

AI에 의한 도덕적 개입의 필요성

종래의 상식 도덕은 '권선징악'을 최고선으로 삼았다. 이러한 상식 도덕의 기준에서 보더라도, 오늘날 우리 일상생활에서 우리가 도덕적으로 행동하기란 쉽지 않다. 예를 들어 오늘날 재활용 쓰레기 분리배출이 이미 일상화되었다. 하지만 이 제도는 아직도 잘 지켜지지 않는다. 이유는 재활용품 분리배출 정책에 적극 찬성하더라도, 그 기준을 알고 용도에 맞게 배출하는 일이 쉽지 않기 때문이다. 이때 누군가가 조언을 해 준다면, 우리는 수월하게 재활용 쓰레기를 분리, 배출할 수 있을 것이다.

바로 이러한 역할을 AI에 맡기자는 것이 '도덕적 AI'의 근본 취지다. 다시 말해 인간 행위자가 해야 할 일과 하지 말아야 할 일을 AI가 구별해 주도록 하자는 방안이 '도덕적 AI 향상'이다. 위의 재활용품 분리배출 사례에서 보듯이, 우리는 그 기준을 알지 못해 도덕적으로 행동하지 못하는 경우가 허다하다. 이러한 관점을 인류 차원으로 넓혀 보면, 상황은 더 심각할 것이다. 나는 어린아이 노동 착취를 증오하기 때문에 에티오피아산 커피를 마시고 싶지 않지만, 이를 구별할 방법이 마땅치 않다. 동물 복지를 위해 공장식 농장에서 생산된 유제품이나 달걀, 가공육을 사고 싶지 않지만, 이를 찾아낼 방법도 여

의찮다. 나는 공정 무역을 선호하기 때문에 저개발국가의 임금 착취로 생산된 다국적 기업 제품을 사고 싶지 않지만, 이러한 내 욕구를 충족해 줄 현실적 대안이 없다.

일찍이 소크라테스가 "인간은 알면서 일부러 악을 저지르지 않는다"라는 '지행합일설'에서 보듯이, 선악을 분명히 구별하여 아는 일이야말로 도덕적으로 행동할 수 있는 최선의 방안일 것이다. 하지만 오늘날 세계화, 민주화, 정보화된 사회에서는 사회적 해악을 알면서도 이를 제지할 수 없는 상황에 빠지기 일쑤다. 그 이유는 인간이 최적의 '정보 처리자'가 아니기 때문이다. 다시금 위에서 예를 든 재활용품 분리배출의 경우를 보더라도, 나는 어떻게 분리배출할지 짧은 시간에 즉각 결정해야 한다. 이러한 즉흥적 결정을 하기에 인간의 능력이 그다지 탁월해 보이지 않는다. 하물며 인간의 행동은 -소크라테스가 생각했던 것처럼- 도덕적 숙고(Moral reasoning)를 거쳐 일어나는 것이 아니다.

일련의 도덕 심리학자들은 인간의 '도덕적 결정(Moral decision)'이 직관적으로 일어나고, 정서적 반응에서 일어난다는 점을 발견했다. 이 발견을 뇌과학자들이 실험적으로 증명했다. 이것이 '도덕적 뇌(Moral brain)'다(Liao, 2016: 2). 도덕적 뇌는 도덕적 숙고와 다르다. 도덕적 뇌는 근본적으로 '외부 자극'에 대해 뇌에서 결정되는 '내적 반응'을 말한다. 이에 비해 도덕적 숙고는 행위 과정의 선후 관계를 논리적으로 결정한다. 이로써 도덕적 '판단'도 일어난다. 다시 말해 도덕적 판단은 행위의 결과 또는 행위의 결과를 예상하고 합리적으로 내린 (도덕적 사태의 인식) 결과에 대한 인식이다. 그래서 이러한 행위 결과에 따른 도덕적 판단이 행위의 '동기'에까지 영향을 미칠 수는 없다.

도덕적 판단은 —도덕 심리학자들에 따르면— 행동 과정을 추후에 '정당화'하는 조작 행위다(Haidt, 2012/2014: 181). 이 조작으로 인간 행동은 선과 악, 옳고 그름으로 판단된다. 그러니 즉각적이고 정서적으로 일어나는 행동 자체는 불확실할 수밖에 없다. 이러한 행동의 불확실성에 착안하여 인간을 주빌리니와 사불레스쿠는 최적이 아닌 '차선의 정보 처리기(Suboptimal information processors)'라 불렀다(Giubilini & Savulescu, 2018: 170). 인간이 차선의 정보 처리기인 까닭은 우리가 합리적이거나 도덕적인 결정에 필요한 정보를 모두 고려할 수 없기 때문이다. 재활용품 분리배출만 하더라도 즉각 결정해야 하는데, 관련 정보를 일일이 점검할 시간이 없다. 그리고 분리의 판단 기준도 우리는 충분히 알고 있지 않다.

하물며 이러한 결정을 해야 한다는 것 자체가 때로는 감정적으로 성가실 때가 있다.

이러한 의미에서 인간은 최적이 아닌 차선의 '도덕적 판단자', 차선의 '도덕적 행위자'일 뿐이다. 이처럼 인간이 차선의 도덕적 판단자인 이유는 자신이 의식적으로 주장하는 도덕 원리를 끝까지 고수하지 못하기 때문이다. 그 대표적인 사례가 '인종차별'이다. 우리는 실제로 자기 집단 내의 구성원에게는 무한히 자애로우면서 집단 밖의 구성원에게는 배타적이고, 심지어 적대적이기까지 하다. 이러한 이중의 잣대는 어디에 기인하는 것일까? 일련의 뇌과학자들은 이러한 차별이 신경생물학적 기제에 따른 것임을 밝혔다. 실제로 인종차별 편향은 우리 뇌에서 일어나는 노르아드레날린의 작용과 밀접한 관련이 있다(Terbeck et al., 2012). 그리고 인간이 최적의 행위자가 아닌 까닭은 우리가 모든 관련 정보에 기초하여 최선의 판단을 내리더라도 의지박약이나 특수한 신경생리학적 상태로 인해 적절하게 행동할 수 없을 때가 있기 때문이다. 예를 들어 우리는 누구나 원리적으로 폭력에 반대한다. 하지만 우리 행동은 많은 생리학적 동기에 의해 영향받는다. 이를테면 세로토닌의 기능 저하(Seo et al., 2008)나 저혈당(Bushman et al., 2014) 등에 의해 인간의 폭력성이 유발되는 것으로 알려져 있다. 이러한 상황에서는 도덕법칙이나 도덕적 제재에 호소하는 것이 효과적인 방법이 아닐 것이다.

AI에 의한 도덕적 개입의 정당화

이렇게 인간이 언제나 최적의 도덕적 상태를 유지할 수 없다는 사실은 외부 도움으로 도덕적 결정 능력을 고양하는 일이 도덕적으로 허용될 수 있음을 시사한다. 그것은 종래의 상식 도덕이 사회 구성원의 도덕적 함양을 위해 종교나 사회 제도, 심지어 전설이나 이야기 등을 활용해 왔던 것과 일맥상통한다. 같은 맥락에서 '도덕적 AI'도 제안되었다. 하지만 종래의 상식 도덕에 관해 종교나 사회 제도가 미친 영향은 간접적이고 규범적이었다. 이에 반해 AI가 인간의 행동에 미치는 영향은 직접적이고, 간섭적이다. 이러한 직접적이고 간섭적인 영향이 실천철학적으로 어떻게 정당화될 수 있을지가 관건인데, 그 가능성을 주빌리니와 사불레스쿠는 퍼스의 '이상적 관찰자(Ideal observer)'론에서 찾았다(Firth, 1952).

이상적 관찰자 이론은 어떤 도덕적 진술에 의미 부여를 어떻게 정당화할 수 있을지에 관한 메타 윤리적 이론이다. 메타 윤리학은 ㅡ선악, 옳고 그름의 기준을 따지는 규범 윤리학과 달리– 윤리적 진술의 의미와 정당성 해명에 초점을 맞춘다. 이러한 맥락에서 모든 도덕적 진술은 퍼스에 의하면 이상적 관찰자가 '특정한 방식으로' 반응한 것을 나타낸 것으로 본다. 예를 들어 어떤 상황에서 "간음하지 마라"라는 계율에 대해 고개를 끄덕였다면, 그것은 암묵적 '시인'을 표시한 것일 테고, 이때 고개를 끄덕인 것은 이상적 관찰자의 특정한 반응을 나타낸 것이라는 뜻이다. 이로부터 "x가 좋다"="이상적 관찰자의 x에 관한 시인"이라는 등식이 성립한다. 이 등식에서 우리의 도덕적 판단은 이상적 관찰자의 시점에서 내려진 것으로 볼 수 있을 것이다. 그렇다면 '이상적'이라는 말의 기준은 무엇인가? 그 기준을 퍼스는 ① 비도덕적 사실과 관련하여 모든 것을 알고(全知), ② 모든 것을 지각하며, ③ 공평무사하고, ④ 감정에 좌우되지 않으며, ⑤ 한결같고, ⑥ 모든 측면에서 정상적인 존재로 규정했다. 퍼스는 각 항목에 대해 자세히 설명한다(Firth, 1952: 333 이하).

하지만 이상적 관찰자는 현실적으로 존재할 수 없다. 이상적 관찰자란 단지 도덕에 대한 완전한 지식을 구가하려는 퍼스의 소망에 불과하다. 그것은 마치 인간을 '합리적'이라고 규정하지만, 이 세상 어디에도 합리적인 인간 자체가 존재하지 않는다는 것과 같다. 하물며 도덕적 AI는 퍼스가 생각했던 것과 같은 이상적인 '절대적' 존재도 아니다. AI는 다만 우리의 도덕적 결정과 판단을 도와주는 소프트웨어일 뿐이다. 그것은 쉽게 말해 구글맵이나 챗GPT, IBM의 챗봇인 왓슨(Watson)을 생각해 보면 된다. 이들은 모두 '맥락 이해(Context awareness)'로 작동하는 소프트웨어이거나 기계와 인간의 상호작용으로 물리적으로 실재를 '알아보고 이해하는(Recognize & Comprehend)' AI일 뿐이다. 이러한 소프트웨어나 AI는 단지 그 역할 면에서 퍼스의 이상적 관찰자와 닮았을 뿐이다.

그런 만큼 주빌리니와 사불레스쿠도 도덕적 AI의 역할을 메타 윤리적 의미 부여에서 찾으려는 것이 아니다. 그들은 다만 우리 뇌가 판단에 앞서 좀 더 빠르고 좀 더 효과적으로 결정하도록 하는 데 AI를 활용할 따름이다. 이로써 우리는 직관적이고 정서적으로 일어나는 도덕적 결정과 도덕적 판단 간의 '반성적 평형'에 이를 수 있을 것이기에 그렇다. 그렇다 해도 문제는 남는다. 왜냐하면 도덕적 행위는 도덕적 결정과 판단의 평형에 의해서만 일어나는 것이 아니기 때문이다. 이미 말했듯이 우리의 도덕적 행위에 영향을 미치는 요소에는 인지 말고, '정서'도 있다. 따라서 인간의 정서를 움직일 방안에 대해서도 심각하게 고민해야 할 것이다.

참고문헌

Bushman et al.(2014). Low glucose relates to greater aggression in married couples. *Proceedings of the National Academy of Sciences of the United States of America, 111*(17), pp.6254~6257.

Firth, R.(1952). Ethical absolutism and the ideal observer. *Philosophy and Phenomenological Research, 12*(3), pp.317~345.

Giubilini, A. & Savulescu, J.(2018). The artificial advisor: The 'ideal observer' meets artificial intelligence. *Philosophy of Technology, 31*, pp.169~188.

Haidt, J.(2012). *The Righteous Mind.* 왕수민 옮김(2014). 《바른 마음》. 웅진지식하우스.

Liao, S. M.(ed.)(2016). *Moral Brains: The Neuroscience of Morality.* Oxford University Press.

Seo, D., et al.(2008). Role of serotonin and dopamine system interactions in the neurobiology of impulsive aggression and its comorbidity with other clinical disorders. *Aggression and Violent Behaviour, 13*(5), pp.383~395.

Terbeck, S., et al.(2012). Propranolol reduces implicit negative racial bias. *Psychopharmacology, 222*(3), pp.419~424.

06
로봇 너지

도덕적 AI는 인지적 방식으로 인간 행위자의 도덕적 결정에 참여한다. 하지만 인간의 결정은 인지적 요소 외에 정서적 요소에 크게 영향을 받는다. 이렇게 인간의 정서에 영향을 미쳐 도덕적 결정을 하도록 하는 향상 방안이 '로봇 너지' 전략이다. 로봇은 하나의 실체적 존재다. 따라서 그 존재만으로도 파급효과가 클 뿐 아니라 도덕 교육에도 긴요하게 활용될 수 있을 것이다.

AI와 야구?

넛지 전략

도덕적 행위자인 인간은 언제나 올바른 판단을 내려야 한다. 그것도 신속하고 정확하게 내려야 한다. 이러한 효율적 결정을 위한 보조적 역할을 AI가 할 수 있다는 것이 '도덕적 AI 향상'이다. 하지만 우리의 도덕적 결정에는 신속하고 정확한 판단만이 요구되는 것이 아니다. 우리의 도덕적 결정에 영향을 미치는 요소는 인지적 요소 외에도 정서적 요소가 있다. 그러나 AI가 인간 행위자의 정서적 요소를 자극할 수는 없다.

인간의 정서는 내·외적 자극에 의한 생리적 변화를 표현한 것이고, 이러한 생리적 변화는 자율신경계의 교감신경이 흥분하여 일어난다. 이에 반해 AI는 엄밀한 의미에서 학습과 추론, 문제 해결 능력을 지닌 컴퓨터 프로그램이다. 이러한 컴퓨터 프로그램이 인간의 정서에 영향을 미치려면, 이를 구현할 구체적 실체가 있어야 할 것이다. 그것이 바로 '로봇(Robot)'이다. 로봇은 사전적 의미로 어떤 작업이나 조작을 자동으로 행하는 기계 장치를 의미한다. 이러한 로봇이 오늘날 우리에게 더는 낯설지 않다. 로봇은 이미 우리 산업 현장에서 인간의 노동력을 대신하거나 군사적으로 사람이 할 수 없는 일을 대행한다. 그뿐만 아니라 가정에서는 청소나 설거지하는 하녀의 역할을 대행하고, 노인을 돌보는 도우미로 역할하고, 독거노인이나 외로운 사람과 함께 이야기하는 동반자나 친구로서 역할까지 맡고 있다. 그래서 로봇은 점점 인간을 닮은 '휴머노이드(Humanoid)'로 진화한다.

이러한 휴머노이드 로봇을 최근에는 도덕적 목적으로 활용하려는 방안이 심도 있게 논의되고 있다. 이러한 논의가 '로봇 너지(Robotic nudge)'다. 너지란 '팔꿈치로 살짝 찌른다'라는 뜻이다. 이렇게 미세한 인지적 변화를 주어 인간의 행동을 변경하려는 전략을 탈러와 선스타인은 '너지'라 불렀다. 다음의 예를 보자(Thaler & Sunstein, 2008/2009: 100). 2006년 미국의 텍사스주에서는 고속도로에 버려지는 쓰레기를 줄이기 위해 "텍사스를 더럽히지 마(Don't mess with Texas)"라는 표어를 제정했다. 이 표어는 대성공을 거두었다. 처음에는 쓰레기를 함부로 버리지 않는 것이 시민의 의무라는 점을 이해시키려고 각종 규제를 강화했지만, 당국은 실패했다. 이 실패에 자극받은 텍사스주 관리들은 시민의 마음을 움직일 수 있는 짧은 문구를 고안했고, 이와 함께 대대적인 캠페인을 벌였다. 그 결과는 대단히 성공적이었다. 캠페인이 있은 6년 후에는 도로변 쓰레기가 72%나 감소하는 효과가 났다.

이렇게 시민들을 강제하거나 위협하지 않고, 짧은 문구 하나로 대 성공을 거둘 수 있게 한 것이 '너지' 전략이다. 성공은 "텍사스를 더럽히지 마"라는 짧은 문구가 사람의 마음(정서)을 움직인 결과다. 이처럼 너지를 활용한 사례는 무수히 많다. 도시의 어두운 뒷골목을 밝히는 가로등도 범죄 발생률을 낮추려는 너지 전략이다. 백화점 매대 앞쪽에 잘 팔리는 물건을 진열하여 매상을 올리려는 것도 같은 맥락이다. 이렇듯 인간의 감정이나 정서를 자극하여 행동의 획기적 변화를 끌어내려는 너지 전략은 이미 우리 생활 전반에 깊숙이 침투해 있다. 최근에는 인간의 행동(Behavior, 처신)이 수많은 요인–음악이나 향기, 색깔, 냄새 등 오감 요소뿐만 아니라 정서적 실마리–에 의해 너지된다는 사실을 인지 심리학과 뇌과학이 밝혔다(이러한 너지를 전략적으로 연구한 탈러는 2017년에 노벨 경제학상을 받았다).

그렇다면 너지는 어떻게 인간의 감정이나 정서에 영향을 미치는가? 이 점을 설명하려면 먼저 우리의 사고가 어떻게 일어나는지 알아야 할 것이다. 이를 설명하기 위해 탈러와 선스타인은 인간이 사고하는 유형을 '자동 체계(Automatic system)'와 '반성적 체계(Reflective system)'로 구분한다(Thaler & Sunstein, 2008/2009: 40).

자동 체계란 사고와 반응이 본능적으로 일어나는 것을 말한다. 우리가 길을 가다가 귀여운 강아지를 보면 미소 짓지만, 갑자기 위험물을 발견하면 즉각 피한다. 이것은 모두 자동 체계에 의해 일어난다. 이에 비해 반성적 체계는 합리적 숙고 및 이와 관련한 심적 과정을 말한다. 이러한 반성적 체계는 좀 더 신중하고 의식적으로 작동한다. 물건 값을 계산하거나 자신의 행위 목표를 정할 때 우리는 모두 반성적 체계를 활용한다. 이 두 사고 체계 중에서 너지와 관련 있는 것은 당연히 자동 체계다.

이러한 자동 체계가 어떻게 작동하는지는 뇌과학자들에 의해 밝혀졌다. 사고의 자동 체계는 뇌의 오래된 부위인 '변연계'에 의해 유지된다. 흔히들 포유류의 뇌로 알려진 변연계는 감성적 직관과 정서적 자극(해마), 공포 자극(편도체)에 반응하는 뇌 부위와 이를 전달하는 신경 체계로 이루어져 있다. 이러한 변연계의 '자극-반응 체계'는 우리가 의식적으로 바꿀 수 없는 부분이다. 이 체계는 특정한 자극에만 반응한다. 이 점을 이용하여 어떤 직관적이거나 정서적인 요소로 '의식 아래' 변연계를 자극함으로써 행위자의 행동을 변경시키려는 전략이 '너지'다.

로봇에 의한 도덕성 향상

이러한 탈러와 선스타인의 너지 전략을 인간의 도덕성 향상에 －그것도 로봇으로－ 활용하려는 방안을 보렌스틴과 아킨이 제안했다(Borenstein & Arkin, 2016). 이것이 '로봇 너지'다. 오늘날 군사적, 산업적으로 활용되는 로봇과 달리, 의료적 '돌봄 로봇', 독거노인이나 외로운 사람과 함께 지내는 '동반자 로봇'이 인간과 상호작용하면서 점점 더 인간화(휴머노이드)되고 있음은 이미 말했다. 이렇게 로봇이 인간화되면서 우리는 로봇을 제작할 때 인간과 상호 작용하는 로봇의 동작이 도덕적으로 이루어지도록 설계하는 일이 중요해졌다.

여기서 주의해야 할 점이 있다. 로봇이 도덕적으로 작동해야 한다고 하여 로봇에 '기계 윤리'를 탑재해야 한다는 뜻은 아니다. 로봇이 기계 윤리를 탑재하면, 종래에는 2장에서 말한 이성적 인간 2.0이 탄생하여 로봇이 인간을 장악하고 말 것이다. 이로써 인간의 지위는 로봇에 예속된 종속 상태로 전락하고 말 것이다. 이것은 인간의 도덕적 능력을 향상하려는 너지 전략과 다르다. 하물며 인간의 도덕적 능력 향상은 도덕을 강요하거나 주입하는 것으로 이뤄지면 안 된다. 너지란 이솝우화의 '햇볕' 전략처럼 스스로 행동 변화를 일으키게 하는 것이다.

그렇다면 로봇의 어떤 점이 인간의 행동을 변화시킬 수 있을까? 이 점을 설명하려면 우리는 로봇의 '작동 원리'를 알아야 할 것이다. 일찍이 로봇의 특징을 클라크는 '프로그램 능력(Programmability)', '기계적 작동 가능성(Mechanical capability)', '유연성(Flexility)'에서 보았다(Clarke, 1993). 이것은 자동으로 구동하는 로봇의 기계 능력을 내적으로 규정한 것으로 판단된다. 이에 비해 시겔은 '감응-사고-작동(Sense-think-act)'이 로봇을 정의하는 유용한 수단이라고 보았다(Siegel, 2003: 5). 이 규정은 로봇의 구동 원리에 초점을 맞춘 것으로 보인다. 이러한 기계 능력과 구동 원리에 비춰보면, 로봇은 스마트폰이나 앱 등과 같은 전자기기와 확연하게 구별될 것이다. 로봇은 특수한 작업을 수행하지만, 전자기기는 단지 기능만 제공할 뿐이다. 로봇은 자율적으로 기능하지만, 전자기기는 사용자가 조작해야 한다. 로봇은 물리적으로 활동한다. 그러나 전자기기는 사용자가 기능을 선택해야 한다.

여기서 한 걸음 더 나아가 로봇에 의해 너지가 가능하려면, 로봇이 상호작용하는 인간에게서 바람직한 특성이나 행동을 끌어낼 수 있어야 할 것이다. 그것은 그다지 어려운 문제가 아닐 것이다. 이미 돌봄 로봇이나 동반자

로봇은 인간의 언어나 공간적 접근, 몸짓이나 접촉 등으로 인간 행위자와 소통하고, 심지어 긍정과 부정의 행동까지 할 수 있기 때문이다. 이러한 사실은 로봇에 의한 너지의 가능성을 높여 준다. 하지만 진정한 로봇 너지가 일어나려면, 기계인 로봇과 인간 행위자 간에 신뢰가 구축되어야 할 것이다. 브룩과 아킨이 그 가능성을 조사했다. 이에 따르면 로봇의 행동이 인간 행위자의 신뢰를 강화하는 것으로 나타났다(Brook & Arkin, 2007).

인간의 행동이 무수한 방식으로 너지될 수 있음은 이미 말했다. 그 많은 방식 가운데 하나인 로봇 너지는 어떻게 가능한가? 그리고 이러한 로봇 너지가 갖는 장점은 무엇인가? 단순히 감시가 목적이라면, 스마트폰과 같은 전자기기로 충분할 것이다. 하지만 로봇은 물리적으로 구현되는 독립 실체다. 물리적 구현체이기 때문에 로봇은 가상적 아바타나 앱보다 구체적 현실성을 띤다. 이 점이 로봇의 장점인 동시에 특성이다. 이 점을 활용한 것이 너지 전략이다. 예를 들어 재활용 분리배출장에 로봇이 상주하여 감시·감독하게 한다든지, 교통 혼잡 지역이나 방범 취약 지역에 로봇 경찰을 배치하거나 순찰하게 한다면, 사람이 하는 것보다 훨씬 더 효율적이고 정확하게 업무를 처리할 수 있을 것이다. 더욱이 로봇은 업무를 처리하면서 인간의 부정적 감정을 자극하지 않는다. 그러면서 인간의 언어와 몸짓을 사용하고 공간적 접근으로 로봇은 인간의 긍정적 감정이나 정서를 자극할 수 있을 것이기 때문이다.

이러한 로봇의 특징과 장점을 살려 보렌스틴과 아킨은 로봇에게 윤리적 원칙을 학습하도록 하여 인간의 도덕성을 향상하려는 방안을 제시했다. 구체적으로는 로봇이 롤스(J. Rawls)의 '정의론'을 학습하게 하여 인간을 사회적으로 정의롭게 양육하는 데 로봇을 활용하게 하는 방안을 마련했다. 이러한 방안은 특히 도덕 교육에 유용할 것이다. 하지만 윤리적 원칙에는 정의론만 있는 것이 아니다. 이 점에 착안한 클린체비치는 '스토아주의'를 그 대안으로 제시하기도 했다(Klincewicz, 2019: 435).

참고문헌

Borenstein, J. & Arkin, R.(2016). Robotic nudges: the ethics of engineering a more socially just human being. *Science and Engineering Ethics, 22*, pp.31~46.

Brook, A. & Arkin, R.(2007). Behavioral overlays for non-verbal communication expression on a humanoid robot. *Autonomous Robots, 22*(1), pp.55~75.

Clarke, R.(1993). Asimov's laws of robotics: implications for information technology-part I. *Computer, 26*(12),

pp.53~61.

Klincewicz, M.(2019). Robotic nudges for moral improvement through Stoic Practice. *Techne: Research in Philosophy and Technology, 23*(3), pp.425~455.

Siegel, M.(2003). The sense-think-act paradigm revisited. *1st International Workshop on Robotic Sensing(OSE' 03)*, p.5.

Thaler, R. H. & Sunstein, C. R.(2008). *Nudge: Improving Decisions about Health, Wealth, and Happiness.* 안진환 옮김(2009). 《넛지》. 리더스북.

07
온정주의

도덕적 향상은 넓은 의미에서 행위자의 도덕적 상태를 비정상에서 정상으로 바꿔 놓는 '개입'을 말한다. 이러한 개입을 향상론자들은 온정주의로 옹호하려 한다. 하지만 향상 반대론자들은 해리스의 '타락할 자유'를 들어 온정주의를 비판한다. 이 비판에 대해 향상론자들은 타락할 자유가 있다면, 타락하지 않을 자유도 있다는 논리를 들어 자유가 단순한 '선택'이 아닌 '설득'의 문제로 풀 수 있다는 주장을 편다.

AI와 윤동주?

도덕적 향상과 자율성 훼손

도덕적 향상이란 도덕적으로 행동할 의지가 부족하거나 행동할 수 없는 사람을 도와 인간을 도덕적으로 만드는 전략이다. 이러한 의미에서 향상은 '개선(Improvement)' 또는 '치료(Therapy)'라는 말과도 비슷한 개념이다. 하지만 이 세 개념은 유사하면서 차이가 난다. 도덕적으로 행동할 수 없는 사람을 도덕적으로 행동할 수 있게 한다는 점에서 도덕적 향상은 도덕적 '치료'를 의미한다. 치료는 의학적 개념이다. 의학에서 치료는 비정상을 '정상(Normal)'으로 개선하는 일을 한다. 하지만 개선이라는 말은 정상까지 포함하여 좀 더 좋은 상태로 변화시키는 것을 모두 포괄하는 개념이다. 예를 들어 건강 보조 식품의 섭취로 나은 건강 상태를 지니게 되었을 때, 우리는 치료 효과를 보았다고 말한다. 이렇게 효과 있는 경우를 일러 우리는 '개선'이라 말한다.

이러한 일련의 개념 관계에서 볼 때, 치료와 향상 개념은 개선에 포섭되는 개념으로 보인다. 이를 집합 개념으로 표현하면, 개선은 전체 집합이고, 치료와 향상은 개선의 부분집합일 것이다. 도덕적 향상과 관련해서 더글러스는 향상을 '치료' 개념에서 본다(Douglas, 2008: 231). 다시 말해 더글러스에게 도덕적 향상이란 생물학적, 유전학적, 신경과학적 개입의 기술을 말한다. 그러나 페르손과 사불레스쿠는 도덕적 향상을 '개선'의 관점에서 본다(Persson & Savulescu, 2017: 287). 그것은 인간의 도덕적 능력을 높인다는 뜻이다. 이렇듯 도덕적 향상은 치료와 개선을 모두 포괄하는 개념이다. 따라서 도덕적 향상에서 세 개념 간의 논리적 맥락 관계는 큰 의미가 없어 보인다.

오늘날 생태 위기, 인종차별, 빈부 격차 등과 같은 지구적 재앙 가능성은 종래의 상식 도덕과 이에 기초한 개인의 도덕 심리에 기인한다. 이러한 상식 도덕 차원의 해악을 '생의학적 수단'으로 치유하고, 인류 차원의 이타성과 공정성을 함양하도록 개선하는 것은 바로 '도덕적 생명 향상' 전략이다. 여기서 굳이 해묵은 도덕적 생명 향상 전략을 다시금 소환하는 까닭은 '정상'의 개념을 좀 더 분명히 하기 위해서다. 왜냐하면 도덕적 향상 전략은 모두 인간의 정상 상태에 대한 개념적 불일치 또는 불신에서 나온 것이기 때문이다(이러한 문제는 'AI에 의한 도덕적 향상'의 경우에도 마찬가지로 일어날 것이다).

정상이란 무엇인가? 그것은 인간 본성에 대해 우리가 인위적으로 설정한 통계적, 규범적 전제일 따름이다. 그래서 의학에서는 일정한 통계적, 규범적 기준을 충족하면 '정상'으로 판정한다. 하지만 의학적으로 정상적인 사람도 도덕적으로는 비정상인 경우가 있다. 이 도덕적 비정상 상태를 정상으로 돌리는 데 '향상'의 목적이 있다.

그런데 여기에 문제가 있다. 비정상을 정상으로 바꾼다는 사실은 행위자에 대한 제삼자의 인위적 '개입(Interference)'을 뜻한다. 이러한 개입은 필연적으로 행위자의 자율성 훼손을 불러올 것이다. 이 점이 문제다. 윤리학은 이러한 자율성 훼손을 심각한 도덕적 침해로 본다. 아니 훼손 자체가 일종의 해악이다. 상식 도덕이 행위자에 대한 '해악 금지'를 최고선으로 보는 까닭도 여기에 있다. 그렇다면 도덕적 향상은 자율성 훼손 문제를 어떻게 해결할 것인가? 바로 말해 도덕적 향상은 자율성 훼손 문제를 '온정주의(Paternalism)'로 해결하려 한다. 온정주의란 아버지가 아들을 훈육하듯이, 선의의 의도를 가지고 어떤 사람이나 집단의 자유를 제약하는 행위를 일컫는 말이다. 이러한 온정주의가 때로는 그 사람의 의지와 무관하게, 또는 의지에 반하는 행위를 의미할 수도 있다. 그리고 때로는 우월한 태도를 표현하는 말일 수도 있다. 이러한 태도가 도덕적 상황에서 표현된다면, 그것은 '도덕적 온정주의'일 것이다. 이러한 도덕적 온정주의를 드워킨은 다음과 같이 규정한다(Dworkin, 2025).

"온정주의는 어떤 사람의 상태나 개인에게 -그들의 의지에 반해- 개입하는 것을 말한다. 온정주의는 개입하는 사람이 좀 더 좋은 것이거나 행위자를 해악으로부터 지켜 줄 것이라는 주장에 의해 옹호되고, 동기화된다. 이러한 온정주의 문제는 마약 금지, 자동차 안전띠 착용 의무화, 의료 상황에서 의사가 환자의 상태에 관한 정보를 공개하지 않는 것과 같은 제한과 관련하여 생겨난다."

그런데 이러한 온정주의 태도는 현실적으로 첨예한 갈등 상황을 만들어 내기도 한다. 의료 상황에서 보듯이 환자의 상태를 환자 자신에게 정확하게 알려 진료받을지 말지 환자 자신이 자율적으로 판단하게 하는 것과 의료진의 선의 거짓말 또는 은폐로 환자의 심리적 안정을 기하려는 것 사이에는 -환자의 알 권리 보장과 환자의 생명권 보호라는- 첨예한 대립이 있다. 이러한 대립과 갈등은 도덕적 향상의 맥락에서도 일어날 것이다. 왜냐하면 도덕적 향상은 개입이 행위자에게 '좋다(善, Good)'라는 전제에서 일어나기 때문이다. 이러한 선의의 개입을 옹호하는 쪽에서는 행위 결과(또는 예상되는 결과)에 주목한다. 예를 들어 자동차 안전띠 착용 의무화를 찬성론자들은 약간의 제약이 개인의 활동 자유를 완전히 방해하는 것이 아니고, 교통사고 시 치명적인 부상의 위험을 획기적으로 줄여 준다는 점을 찬성 논거로 든다. 하지만 반대 논거도 만만치 않다. 예를 들어 험준한 산악 지형에서 험준하다는 이유만으로 등산(Mountain-climbing) 자체를 금지한다면, 그것은 산악인의 존재 자체를 부정하는 일이 될 것이다. 이러한 일은 명백하게 개인의 자율적 행위를 제한할 것이다. 그것도 심각한 자율성의 훼손이다.

온정주의와 설득의 문제

자율성의 문제와 관련해서 드워킨은 '약한(Weak)' 온정주의와 '강한(Strong)' 온정주의를 구분한다(Dworkin, 2025). 자동차 안전띠 착용 의무화가 약한 온정주의에 속한다면, 아예 등산로를 아예 폐쇄해 버리는 행위는 강한 온정주의에 속한다. 여기서 약한 온정주의와 강한 온정주의의 구분은 제한의 강도에 따른 것으로 보인다(이 제한은 상당히 주관적이고, 이를 객관화하기는 힘들어 보인다). 이 제한의 강도가 허용과 금지를 결정한다. 어쨌든 이 구분에서 볼 때 약물에 의해 강제적으로 행해지는 도덕적 향상은 강한 온정주의에 속할 것이니, 따라서 비판받아 마땅하다. 그러나 AI에 의한 도덕적 향상은 약한 온정주의에 속할 것이다. 따라서 허용될 수 있다.

더욱이 탈러와 선스타인은 이러한 약한 온정주의가 개인의 자유를 증진할 것이라는 점에서 이를 '자유주의적 온정주의(Libertarian paternalism)'라 불렀다(Thaler & Sunstein, 2008: 5). 이 말은 (약한) 온정주의가 시민의 자유와 양립할 수 있다는 뜻이다. 하지만 반대론자들의 주장도 만만치 않다. 반대론자들은 해리스의 '타락할 자유(Freedom to fall)'를 들어(Harris, 2011: 103) 약한 온정주의마저 반대한다. 이러한 반대론자들의 주장에 따르면 인종차별주의자라 할지라도 그에게 차별할 자유를 주어야 할 것이다. 다시 말해 누구도 인종차별을 하지 말라고 다른 사람을 강제할 수 없다.

이러한 해리스의 타락할 자유는 도덕적 AI가 도덕적 추리에 참여하고, 인간의 처신에 규범적 역할을 할 정당성마저 소거해 버린다. 그런데 각자에게 타락할 자유가 있다는 사실은 일종의 '수사(Rhetoric)'에 지나지 않는다. 타락할 자유가 있다면, 타락하지 않을 자유도 있어야 하지 않을까? 하지만 각자에게 －타락할 자유와 달리－ 타락하지 않을 자유는 선택 문제가 아닌 '설득(Persuasion)'의 문제다. 이것은 클린체비치의 생각이다(Klincewicz, 2016: 183). 설득은 강제와 다르다. 강제는 자율을 해치지만, 설득은 행위자가 자기 행동을 결정하도록 놓아둔다. 다시 말해 행위자가 타자의 온정주의적 개입을 경험한 후에 자신의 심정적 변화에 동의한다면, 이것은 설득일 것이다.

이러한 설득은 일찍이 고대 그리스 소피스트들이 처음 구사했다. 소피스트들에게 설득은 '인식'이 아닌 하나의 '기술(Techne)' 문제였다. 이러한 기술로는 '진리'에 이를 수 없다. 기술이란 단지 인간이 갈고닦는 '숙련'이다. 이 숙련의 방식을 플라톤은 진정한 기술과 사이비 기술로 구분한다. 예를 들어 사람의 건강을 생각한다는 점에서 요리와 운동은 공통적이다. 하지만 플라톤은 요리사를 단지 사람들의 미각을 만족시켜 주는 사이비 기술자로 보고, 진실로 건강을 돌보는 진정한 기술은 운동뿐이라고 말한다. 이 차이에 근거해 볼 때 소피스트의 설득술은 사이비 기술이다. 아리스토텔레스도 근본적으로는 플라톤의 소피스트 비난에 동의한다. 그러면서도 그는 수사학이 '인식'으로 설득되지 않는 사람들에게 호소하는 최상의 방식임을 천명했다(Aristoteles, 1968/2007: 1356a).

모든 학문은 근본적으로 인식론에 근거해야 한다. 그러한 의미에서 인간은 '합리적 추론기(Rational reasoning machine)'다. 하지만 일상생활에서 인간의 도덕성은 학문적 논증에 의해 보위되는 것이 아니다. 인간의 일상생활과 학문적 논증 사이에는 '괴리'가 있다. 이 괴리가 인간을 도덕적으로 고민하게 만든다. 하지만 이 괴리를 AI가 메워 줄 수 있다는 생각이 도덕적 AI 향상 전략이다. 다시 말해 근본적으로 관찰자인 도덕적 AI가 현실적 인간 행위자가 반성적 평형을 이룸으로써 우리는 자율성 훼손 없이 도덕성 향상을 꾀할 수 있을 것이다. 여기서 우리는 '설득'의 힘을 본다. 이러한 설득은 소크라테스가 가장 잘하는 일이다.

참고문헌

Aristoteles(1968). *Rhetorique I. In Médéric Dufour(trans.).* Les Belles Lettres. 이종오 옮김(2007). 《수사학 I》. 리젬.

Douglas, T.(2008). Moral Enhancement. *Journal of Applied Philosophy, 25*(3), pp.228~245.

Dworkin, G.(2025). Paternalism. Stanford Encyclopedia of Philosophy. https://plato.stanford.edu/entries/paternalism/

Harris, J.(2011). Moral enhancement and freedom. *Bioethics, 25*(2), pp.102~111.

Klincewicz, M.(2016). Artificial intelligence as a means to moral enhancement. *Studies in Logic, Grammar and Rhetoric, 48*(61), pp.171~187.

Persson, I. & Savulescu, J.(2017). Moral hard-wiring and moral

enhancement. *Bioethics, 31*(4), pp.286~295.
Thaler, R. H. & Sunstein, C. R.(2008). *Nudge: Improving Decisions about Health, Wealth, and Happiness.* 안진환 옮김(2009). 《넛지》. 리더스북.

08
소크라테스식 대화자

도덕적 AI가 인간 행위자의 도덕적 결정에 직접 개입하는 것이고, 로봇 너지가 올바른 결정을 하도록 인간 행위자를 촉발하는 '발견법'을 행사한다면, 소크라테스식 대화자는 말 그대로 AI가 대화의 상대자 역할을 하는 것을 말한다. 이렇게 AI가 대화의 상대자 역할을 하려면, AI 스스로 자율적인 행위자가 되어야 할 것이다. 이러한 자율적 행위자로서 AI 알고리즘 개발 지침을 살펴본다.

AI와 한의학?

자율적 결정의 의의

도덕적 향상 반대론자들이 향상에 반대하는 이유는 인위적 개입이 인간의 자율성을 심각하게 훼손하리라는 우려 때문이다. 하나의 인격인 도덕적 주체와 주체의 안녕을 규정하는 데는 자율성이 매우 중요한 역할을 한다. 같은 맥락에서 자율 문제를 진지하게 다루지 않는다면, 인간의 도덕성 강화도 일어날 수 없을 것이다. 그래서 일찍이 칸트는 '자유(자율)'를 도덕법칙의 인식 근거로 삼았고, 공리주의자인 밀(J. S. Mill)은 개인의 자율성 증진이 도덕 체계의 토대라고 보았다.

우리는 도덕적 AI가 인간 행위자의 자율성과 양립할 수 있음을 논증했지만, 그것은 어디까지나 행위자의 도덕적 선택에 관련된 것이다. 행위 선택과 관련해서 AI는 단지 보조적 역할만 하고, 최종 결정은 행위자 자신이 한다. 여기서 '설득'이 AI와 자율성 간의 양립 가능성을 입증해 주는 논거로 등장했다.

이렇게 행위 선택을 설득의 문제로 설명할 수 있을지라도, 선택의 자유를 진정한 (도덕적) 자율로 볼 수 있는지는 도덕 철학의 오랜 논쟁거리였다. 설득을 선택의 자유로 보는 근거는 행위 자체가 외부로부터 '강제'당하지 않기 때문이다. 이렇게 강제되지 않는다는 점에서 그것은 '소극적 자유'다. 하지만 자유에는 이러한 소극적 자유만 있는 것이 아니다. 적극적 자유도 있다. 적극적 자유란 스스로 자신을 지배하는 '자기 결정력(Self-determination)'을 말한다. 이러한 자기 결정력이 순수 도덕적 의미에서 '자율(Autonomy)'이다. 자율은 외부의 힘이나 의지의 부재를 뜻하는 (소극적) 자유와 다르다.

자율은 –소극적 자유와 달리– 다음과 같은 두 가지 사실을 함축한다. 첫째로 행위자는 자기 행동의 근저에 있는 '가치'를 확인하고, 이 가치에서 유래하는 '판단'을 내린다. 그리고 행위자는 이 판단을 합리적으로 고려하는데, 그래야만 행위자는 자신이 최고로 요구하는 선호, 소망, 가치 등을 반영한 고도의 전망에 따라 자기 삶을 이해할 수 있기 때문이다(Dworkin, 1988: 25). 둘째로 행위자는 이에 더해 충분히 자기 자신을 확신한 후에 자신의 고유한 가치와 판단에 따라 행동하도록 스스로 결단하고, 통제해야 한다. 이것은 자기 결정력이다.

최근에는 일련의 신경과학자들에 의해 우리의 자율적인 도덕적 결정이 언제나 정서적인 것과 상호 작용하면서 –다시 말해 인지적 요소와 동기 유발적 요소의 상호 작용으로– 일어난다는 사실이 밝혀졌다(Moll et al., 2005). 이 두 개의 요소는 각기 다른 함의를 갖는다. 동기 유발적 요소는 행위 '능력'을 말하고, 인지적 요소는 행위 '태도'를 뜻하기 때문이다. 이렇게 능력과 태도가 조화를 이루어야만 비로소 우리의 올바른 도덕적 결정도 일어날 것이다. 그렇지 않고 동기적 요소 없는 결정은 '독단적'이고, 인지적 요소 없는 결정은 '맹목적'이다. 우리의 일상생활은 끊임없는 도덕적 결정의 연속이다. 그런데도 우리가 아무런 도덕적 어려움을 겪지 않는 까닭은 우리 삶이 패턴화된 '경험'에 따르고, 정당화된 '지침'에 따르기 때문이다. 하지만 도덕적 딜레마 상황이나 새로운 상황에서는 결정이 반드시 인지적 요소와 동기 유발적 요소가 조화를 이루는 가운데 일어나야 한다. 그래야만 올바른 결정이 일어날 것이다.

행위 능력과 도덕적 향상

우리의 도덕적 결정이 이렇게 일어날진대, 도덕적 향상은 반드시 우리의 행위 능력 및 행위 태도와 관련해서 이루어져야 할 것이다. 어떤 의미에서 약물에 의한 도덕적 향상이 행위 '능력'을 배가하려는 노력이었다면, AI에 의한 도덕성 향상은 행위 '태도'의 전환을 촉구하는 것으로 보인다. 이 점에서 약물에 의한 도덕적 향상과 AI에 의한 인지 향상을 병행한다면, 우리는 진정한 도덕적 향상을 기대할 수 있지 않을까 가정해 볼 수 있다. 하지만 약물에 의한 생명 향상은 인간의 자율성 훼손이라는 치명적 약점이 있다. 따라서 AI에 의한 도덕적 향상 전략이 성공하려면, AI가 행위자의 태도 전환뿐만 아니라 행위 능력 향상에도 확실히 효과가 있음을 입증해야 할 것이다. 그렇지 않고 도덕적 향상이 행위 능력의 증진 없이 태도 변화만 목표로 하게 되면, 외부 도움이 없어져 버렸을 때 행위자의 도덕적 능력은 향상 이전의 상태로 되돌아가 버리고 말 것이다. 그렇게 되면 인간은 자율적 행위자가 아니라 '수동적 수혜자(Passive recipient)'에 지나지 않을 것이다(Schaefer, 2015: 268).

진정한 도덕적 향상은 AI가 인간 행위자의 자율성을 고양할 수 있어야 한다. 이것은 어떻게 가능한가? 인간이 자율적 존재가 되려면, 먼저 자신의 가치가 도덕적 결정의 요소로 되어야 하고, 다음으로 자기 가치에 근거하여 스스로 도덕적 판단을 내려야 한다. 이때 AI는 행위자가 판단을 합리적으로 고려하도록 배려해야 하는데, 이러한 인간적 배려를 AI가 어떻게 할 수 있을지가 관건이다. 그런데 이 문제는 소크라테스의 문답법을 생각해 보면 의외로 쉽게 풀릴 것이다. 소크라테스에게는 일찍이 소피스트의 변론술에 오염된 아테네 젊은이들을 '문답'

으로 진리에 눈뜨게 설득한 공적이 있다. 이러한 소크라테스 문답법의 다른 이름이 '산파술'이다. 산파는 —스스로 출산하지는 않지만— 임신부의 출산을 도와준다. 같은 맥락에서 소크라테스의 문답법도 직접 진리를 제공해 주지는 않지만, 대화 상대방이 진리를 자각하도록 배려해 주었다. 그래서 붙인 이름이 산파술이다. 이렇듯 도덕적 AI도 인간 행위자에게 자신의 도덕적 가치를 자각할 수 있게 설득한다면, 우리는 AI의 역할 자체를 '도덕적 산파술'이라 불러도 좋을 것이다.

이러한 AI의 역할을 라라와 데커스는 '소크라테스식 대화자(Socratic interlocutor)'라 불렀다(Lara & Deckers, 2020). 소크라테스식 대화자는 인간 행위자 스스로 올바른 자기 가치를 찾도록 대화를 끌어가야 한다. 이 점은 앞서 말한 '도덕적 AI' 또는 '로봇 너지'와 다른 역할이다. 도덕적 AI가 기계학습과 심층 학습으로 형성한 지식을 토대로 인간 행위자의 도덕적 결정에 개입하고, 로봇 너지가 어떤 실질적 의사결정을 하도록 행위자를 촉발하는 '발견법(Heuristic)'을 행사한다면, 소크라테스식 대화자는 말 그대로 대화의 상대자 역할을 한다. 그러기 위해서는 AI가 스스로 '행위자'가 되어야 한다. 이것은 (이 책 1장에서 말한) 무어의 '명시적 윤리 행위자'를 말한다.

이러한 '인공적 도덕 행위자(AMA, Artificial Moral Agent)'를 제작하는 일은 공학자의 몫이다. 실제로 공학자들이 만든 인간의 도덕적 숙고를 촉진하는 컴퓨터 프로그램인 에토스 시스템과 AI 알고리즘인 메드에스엑스(MedEthEx), 트루스텔러(Truth-Teller)에 대해서는 이미 3장에서 말했다. 이들 체계는 먼저 인간 행위자가 자신의 도덕적 신념을 합리적으로 적용할 수 있는 이론적 틀을 AI에 제공하고, 다음으로 인간 행위자가 도덕적 딜레마를 해결하면서 취할 각 단계를 반추하게 했다. 바로 여기에 소크라테스가 했던 문제 해결 방식과 유사한 점이 있다.

하지만 AI 알고리즘이 소크라테스식 대화자가 되려면, 인공적 도덕 행위자의 본질적 기준인 다음 세 가지 요건 —상호작용(Interactivity), 자율성, 적응 능력(Adaptability)—을 충족해야 할 것이다(Floridi & Sanders, 2004: 357~358). 상호작용은 행위자인 AI가 주변 환경과 서로 영향을 주고받으면서 행동할 수 있는 능력을, 자율성은 외부 자극 없이도 AI 스스로 상태를 바꿀 수 있는 능력을 말한다. 그리고 적응 능력은 AI가 자기 경험에 따라 작동 방식을 스스로 학습할 수 있는 능력을 말한다.

이러한 인공적 도덕 행위자의 본질적 기준을 충족하

면서 소크라테스식 대화자로서 AI 알고리즘 개발을 위한 기준을 라라와 데커스는 다음과 같이 제시한다(Lara & Deckers, 2020: 283~284).

① 도덕적 판단은 그때마다 우리의 경험적 논거에 의해 쉽게 논박되는 경향이 있다. 따라서 AI는 빅 데이터에 신속하게 접근하여 처리할 수 있어야 한다. 그리고 빅 데이터를 참조하여 행위자가 적절하게 판단을 수정할 수 있게 조언해야 한다.

② 도덕적 오류는 대체로 개념을 명확하게 정의하지 않거나 개념의 다의성을 인식하지 못한 까닭에 일어난다. 따라서 AI는 행위자가 사용하는 개념의 의미를 엄격히 규정하도록 요구해야 한다. 그리고 규정을 벗어난 상황에는 즉각 경고해야 한다.

③ 도덕적 진리는 논증에 의해 확정된다. 그런데도 행위자는 개념적 오류 외에 선입견, 편향된 관심사 등으로 오류에 빠지기 쉽다. 이러한 오류에 빠지지 않도록 AI는 논증 과정의 논리적 체계를 행위자에게 정확하게 알려 줘야 한다.

④ 도덕적 행위는 도덕적 타당성을 지녀야 한다. 그러나 우리는 종종 논리적 무모순성에도 도덕적 타당성을 확보하지 못할 때가 있다. 그것은 근본적으로 논리적 무모순성이 규

범적 보편타당성과 불일치하기 때문에 일어난다. 이 불일치를 AI는 조정해 줄 수 있어야 한다.

⑤ 행위자가 처한 환경뿐만 아니라 생리적, 정신적 상태(수면 부족, 특정한 호르몬이나 신경전달물질, 향정신성 약물 등)에 의해서도 도덕적 판단은 지대한 영향을 받는다. 따라서 AI는 이러한 개인적 한계를 검사하여 최적 조건에서 행위자가 도덕적 결정을 할 수 있도록 해야 한다.

⑥ 도덕적 결정은 나열된 여러 조건 가운데서 최적 조건을 선택하는 일이다. 더욱이 오늘날 복잡하게 뒤엉켜 있는 사회체제에서는 다른 체제에서 오는 조건들을 교차하여 보고, 판단하는 일이 중요하다. AI는 관련 정보를 처리하여 무엇이 우리의 도덕적 결정에 가장 적합한지를 알려 줘야 한다.

이 기준은 근본적으로 AI가 인간 행위자와 대화할 때 필요한 일종의 '조건'을 정리한 것이다. 조건은 원칙과 다르다. 원칙은 인간 행위자가 따라야 할 최고 법칙이다. 법칙은 행위자에게 명령하지만, 조건은 행위자가 충족해야 할 전제다. 전제가 많을수록, 그리고 전제의 충족 정도가 클수록 행위는 정밀해진다. 이러한 행위의 정밀성을 기하기 위해 AI 체계는 컴퓨터, 가상현실 장치, 또는 뇌 인터페이스를 통해 과학, 언어학, 논리학에 관한 정보를 수집해야 하고, 사람들이 어떻게 생각하고 추론하는지에 관한 정보를 수집해야 한다. 그뿐만 아니라 AI 체계는 논증 및 윤리 이론 전문가로부터도 정보를 얻고, 감지장치를 통해서도 인간 행위자의 생물학적 조건과 환경을 모니터해야 한다.

참고문헌

Dworkin, G.(1988). *The Theory and Practice of Autonomy.* Cambridge University Press.

Floridi, L. & Sanders, J. W.(2004). On the morality of artificial agents. *Machine Ethics, 14*, pp.349~379.

Lara, F. & Deckers, J.(2020). Artificial intelligence as a socratic assistant for moral enhancement. *Neuroethics, 13*(3), pp.275~287.

Moll, J., et al.(2005). The neural basis of human moral cognition. *Nature Reviews Neuroscience, 6*(10), pp.799~809.

Schaefer, G. O.(2015). Direct vs indirect moral enhancement. *Kennedy Institute of Ethics Journal, 25*(3), pp.261~289.

09
세부 논의의 딜레마

"악마는 사소한 것에 있다." 이 표현은 복잡한 문제나 일에서 사소해 보이는 세부 사항이 예상치 못한 결과를 초래하거나 일 전체를 그르칠 수 있음을 경고하는 말이다. 우리는 이러한 디테일의 악마가 —단순히 향상을 반대하는 반대론자들의 주장을 넘어— 도덕적 AI 향상에도 나타날 수 있음을 심도 있게 검증할 것이다. 이러한 검증을 통해서만 우리는 AI에 의한 도덕성 향상을 어떤 용도로 사용할지 정확하게 논의할 수 있기 때문이다.

AI와 화장품?

관련 정보를 충분히 고려한다는 허구

오늘날 민주화, 세계화, 정보화된 사회를 사는 우리 삶은 매우 다층적이고 복합적이다. 이렇게 뒤얽힌 사회 구조로 우리는 이따금 스트레스와 시간 부족으로 올바른 도덕적 판단을 내리지 못할 때가 있다. 이럴 때 AI가 보조적으로 인간 행위자의 올바른 판단을 도와준다는 그 논리적 맥락만 본다면, 우리가 도덕적 AI에 반대할 이유는 전혀 없어 보인다. 하지만 그 논리적 틀을 이해한다고 하더라도, 이를 세부적으로 실천하는 과정에서 종종 논리적 딜레마에 처할 때가 있다. 이것이 바로 '디테일의 악마(Devil in the details)'다. 이 표현은 복잡한 문제나 일에서 사소해 보이는 세부 사항이 예상치 못한 결과를 초래하거나 일 전체를 그르칠 수 있음을 경고하는 말이다.

이러한 디테일의 악마가 AI에 의한 우리 도덕적 향상의 상황에서도 일어날 수 있음을 우리는 경계하지 않을 수 없다. 왜냐하면 도덕적 AI 향상 방안은 겉으로 보면 간단해 보이지만, 내부적으로는 복잡한 구조를 하고 있고, 엄청난 찬반 논란으로 점철되어 왔기 때문이다. 이 점을 살펴보자.

선과 악, 옳고 그름을 판단하는 총체를 우리는 '도덕성'이라 부른다. 종래에는 규범 준수로 도덕성을 지킬 수 있었다. 그런데 최근에는 도덕성이 우리 정서적 반응과 직관에 의해 작동한다는 새로운 사실을 실험적으로 밝혀냈다. 하이트는 상호 합의에 의한 남매간의 성교를 어떻게 생각하는지 물었다(Haidt, 2012/2019: 90). 이 물음에 응답자는 대부분 부정적인 반응을 보였고, 때로는 극도의 혐오감마저 드러냈다. 이러한 부정적 정서 반응과 혐오감을 하이트는 우리 도덕적 결정에 정서와 직관이 관여하는 논거로 삼는다.

이러한 정서 반응과 혐오감의 근저에는 일종의 '제재(Sanction)', '충실성(Loyalty)', '권위(Authority)'를 나타내는 도덕적 전제가 개재해 있기 때문이다(Volkman & Gabriels, 2023: 11). 그런데 문제는 이러한 정서 반응과 혐오감이 자연적으로 생겨난 것이라기보다 그 사람이 살아온 사회적 배경과 교육에 절대적 영향을 받는다는 점이다. 하이트의 설문에 대답한 사람들의 반응도 따지고 보면 '서구의 산업화된 사회의 민주적 문화'에서 형성된 일종의 에토스에 의한 것이다. 하지만 비산업화된 티베트의 가부장적 사회에서는 여러 형제가 한 여인을 공유하는 풍습이 남아 있다. 물론 이러한 풍습은 티베트만의 고유한 특성에서 생겨난 것이지만, 그렇더라도 서구인들은 자신의 관점에서 이 특성을 이해하고 받아들일

까? 받아들일 수 없다면, 그것은 일방적인 서구 중심의 '가치 편향'이 아닐 수 없다. 거꾸로 받아들일 수 있다면, 그것은 '가치 상대주의'에 빠져 급기야 가치 회의주의로 전락하고 말 것이다.

이러한 상황에 AI라면 어떤 반응을 보일까? AI도 우리와 마찬가지로 혼란에 빠질 가능성이 커 보인다. 왜냐하면 AI도 결국에는 인간이 설정한 도덕적 기준에 따를 것이기 때문이다. 이렇게 단순히 지리적으로 떨어진 곳에 사는 사람들의 다른 생각조차 지구 차원에서 담아내지 못할진대, 도덕적 AI가 관련 정보를 남김없이 충분히 고려하리라는 가정은 허구일 수밖에 없다. 더욱이 시간상으로 다른 과거, 현재, 미래 인류의 생각을 AI가 인류 차원에서 담아내는 일은 불가능할 것이다. 왜냐하면 과거에 선이었던 것이 오늘날 해악으로 생각되는 경우가 허다하기 때문이다. 그렇다면 오늘날 선인 것이 미래에는 해악이 되지 말라는 법도 없지 않은가? 하물며 도덕 문제에는 때로는 규범을 지키기보다 안 지키는 것이 더 도덕적인 경우가 있다. 예를 들어 '인종차별 법'이 그렇다.

이렇게 고려의 범위를 넓혀 가다 보면, 문제는 더욱 커질 것이고, 따라서 AI가 모든 관련 정보를 충분히 고려한다는 말은 허구가 아닐 수 없다.

AI 보조적 활용의 딜레마

'전적으로 AI에 의존하는 방식'과 'AI를 보조적으로 활용하는 방식'에 관해 이미 말했다. AI에 의존하는 방식은 기계가 인간보다 우월한 까닭에 인간 행위자의 도덕적 판단을 AI에 위임해야 한다는 '트랜스휴머니스트(Transhumanist)'의 주장이다. 트랜스휴머니즘은 기술로 인간의 신체적, 정신적 한계를 극복하려는 운동을 말한다. 이러한 트랜스휴머니스트는 인간을 한갓 극복되어야 할 종(種)으로 치부한다. 그래서 우리는 이들의 주장을 거부한다.

그러나 AI를 보조적으로 활용하는 방식은 인간 행위자의 자율적 의사 결정에 AI의 보조적 참여만 허용한다. 다시 말해 AI가 인간 행위자가 자신의 도덕적 임무를 분명히 하고, 도덕적 맥락을 잘 추적하도록 하는 것만 허용한다. 이것은 기술적으로도 별반 어려움이 없어 보인다. AI의 매개 변수를 사용자의 도덕적 임무와 관련하도록 제작하여 인간 행위자의 도덕적 결정을 돕게 하면 되기 때문이다. 이로써 '도덕적 AI'가 가능해진다.

이에 더해 주빌리니와 사불레스쿠는 도덕적 AI가 '이상적 관찰자'의 관점에서 작동하게 하고, 보렌스틴과 아킨은 롤스의 '사회정의론' 관점에서, 클린체비치는 '스토아주의' 관점에서 AI를 작동하게 함으로써 도덕적 AI가 도덕적 규범 질서에 따라 판단하게 하는 방안을 제시했다. 이렇게 되면 도덕적 AI는 애초에 인간 행위자를 도와 올바른 도덕적 판단을 하도록 하는 차원을 넘어 인간 행위자가 도덕적 주장의 일관성을 유지하면서 도덕 원칙에 대해 잘 알고 도덕적 결정을 내리게끔 최소한의 기준을 제공하는 역할까지 담당하게 될 것이다.

실제로 AI가 이러한 역할을 할 수 있음을 우리는 메드에스엑스(MedEthEx)와 트루스텔러(Truth-Teller)의 프로그램에서 확인했다. 그리고 이러한 AI의 규범적 체계가 실험적 상황에서는 인간 행위자의 도덕적 결핍을 보완하고 설득할 수 있다는 사실도 알려졌다. 하지만 실제 상황에서도 이러한 바람이 이루어질지는 미지수다. 왜냐하면 현실 생활에서 모든 규범은 강제력(당위성)을 갖기 때문이다. 이러한 강제력이 없다면, 규범은 규범으로서 작동할 수 없을 것이다. 거꾸로 도덕적 AI가 하나의 규범으로 작동한다 해도 문제는 있다. 그렇게 되면 AI는 —인간 행위자의 도덕적 결정을 쉽게 하도록 도와주는 조언자의 역할을 넘어— 규제자 역할을 하게 될 것이기 때문이다. 이러한 규제가 현실화한다면, 도덕적 AI 향상 방안은 '전적으로 AI에 의존하는 방안'으로 전락하고 말 것이다.

이것은 우리가 원했던 방향의 도덕적 향상이 아니다. 이에 도덕적 AI가 전적으로 AI에 의존하는 방안으로 전락하는 것을 막는 방안의 하나로 '소크라테스식 대화자'가 고안되었다.

AI에 의한 도덕적 토론의 한계

소크라테스식 대화자 전략은 우리의 인습적 도덕이 다른 사람과의 대화(토론)로 개선된다는 점에 착안했다. 그래서 AI를 토론의 상대자로 역할 하도록 훈련하여 인간 행위자와 토론하게 하자는 것이 이 전략의 핵심이다. 이러한 대화자로서 AI의 목적은 ─라라와 데커스에 의하면─ "(인간) 행위자가 윤리적으로 추리하도록 학습을 돕는" 일이다(Lara & Deckers, 2020: 282). 그러기 위해 AI는 행위자의 경험적 축적뿐만 아니라 개념적 명료성, 논증적 논리, 개인의 한계에 대한 자각, 자신의 결정 실행에 관한 조언을 수행할 수 있어야 한다. 물론 AI를 이렇게 설계하는 것은 공학적으로 어렵지 않다.

그러나 우리의 도덕적 판단은 순수 논리적이고 이론적으로만 일어나는 것이 아니다. 따라서 AI는 인간 행위자의 판단을 도덕적으로 그럴듯해 보이도록 평가해야 한다. 이 점에서 AI는 규범적 내용을 지향해야 할 것이다. 하지만 이 규범적 내용은 아마도 규범 윤리학의 역사에서 도출된 지식일 것이다. 그런데 규범의 역사적 내용은 시대에 따라 그 가치가 다를 수밖에 없다. 그래서 AI는 어느 한 시대에 편향됨 없이 '중립적으로' 규범 내용을 제시할 수 있어야 한다. 특히 라라가 —다른 글에서— 이 중립성을 강조한 것도 이 때문이다(Lara, 2021: 42).

여기에 문제가 있다. 실제 인간인 소크라테스는 대화 상대자의 논리적 약점을 집요하게 파고들어 상대를 '설득'하려 했다. 이 설득의 방식이 상대자의 논리를 강화하고 이로써 상대자가 스스로 진리를 말하게 하는 지적 '산파술'이다. 하지만 AI는 상대자의 논리적 약점을 공격하기보다 상대자에게 옳고 정당한 논점만 제시할 것이다. 문제는 여기에 있다. 이러한 논점이 논박당하면, 그것은 설득이 아니라 —허스트하우스가 지적처럼— 규범 이론이 '부당(Inadequate)' 이론임을 드러낼 따름이다(Hursthouse, 1991: 232). 거꾸로 AI가 제시한 논점을 인간 행위자가 논박하지 못한다면, 우리는 AI의 관점을 무비판적으로 따르게 될 것이다. 그러면 우리는 다시금 '전적으로 AI에 의존하는 방안'에 빠지게 될 것이다.

그뿐만 아니라 소크라테스식 대화가 과연 도덕적 향

상 방안인지도 의문이다. 왜냐하면 AI에 탑재된 규범 내용은 모두 과거의 것인데, 그렇다면 AI가 할 수 있는 도덕적 조언도 결국은 '과거 회고적인 것'에 지나지 않을 것이기 때문이다. 우리의 도덕적 향상은 언제나 '미래 지향적'으로 일어나야 한다. 그러기 위해서는 과거 회고적인 규범 내용이 아니라 인간의 미래를 설계하는 창의적 지성이 필요할 것이다.

참고문헌

Haidt, J.(2012). *The Righteous Mind.* 왕수민 옮김(2019). 《바른 마음》. 웅진지식하우스.

Hursthouse, R.(1991). Virtue theory and abortion. *Philosophy and Public Affairs, 20*(3), pp.223~246.

Lara, F. & Deckers, J.(2020). Artificial intelligence as a socratic assistant for moral enhancement. *Neuroethics, 13*(3), pp.275~287.

Lara, F.(2021). Why a virtual assistant for moral enhancement when we could have a Socrates?. *Science and Engineering Ethics, 27*(4), p.42.

Volkman, R. & Gabriels, K.(2023). AI moral enhancement: Upgrading the socio-technical system of moral enhancement. *Science and Engineering Ethics, 29*(1), pp.1~14.

10
AI와 도덕 교육

도덕적 향상은 인간의 한계를 넘어서려는 인간적 욕구의 표현이다. 이러한 인간의 욕구에서 신적 존재를 가정하고, 신적 존재로 초월하려는 우리의 개념도 만들어졌다. 그런데 초월은 어떤 의미에서 인간의 책임을 포기하려는 듯한 의도를 깔고 있다. 이것은 진정한 '인간' 현상이 아니다. 인간은 근본적으로 도덕에 의해서만 인간이 될 수 있다. 도덕은 최소한의 인간 책임이다. 이 점에서 AI에 의한 도덕적 향상을 도덕 교육에 적용하려는 것이 우리의 의도다.

종교와 AI?

도덕적 향상과 인간의 책임

도덕적 향상 반대론자들은 도덕적 AI가 인간 행위자를 올바른 도덕적 결정에 이르도록 도와주는 자체를 반대하는 것이 아니라 이러한 AI의 보조적 활용이 '전적으로 AI에 의존하는 방안'으로 전락하게 되는 점을 비판한다. 그것은 자율성 상실과 종국에는 인간성의 말살을 가져올 것이기에 그렇다. AI를 통한 도덕적 향상은 근본적으로 AI를 활용하여 인간의 한계를 넘어서는 방안이다. 하지만 AI가 아무리 정교하더라도, AI에 의존하는 방식으로 인간적 결핍을 넘어설 수 있을지는 의문이다.

인간적 결핍을 극복하려는 노력은 역사적으로 무수히 많이 있었다. 특히 종래의 관념론 철학은 완전무결한 신적 존재를 요청함으로써 이를 극복하려 했다. 여기서 '넘어서다(Transcend)'라는 의미의 '초월' 개념이 만들어졌다. 관념론에서 초월은 불완전한 현실을 넘어 완전한 신적 세계로의 이행을 말한다. 신적 존재가 불멸, 전지전능, 지복(至福) 등을 근본 속성으로 지니는 데 반해, 인간은 죽음과 지적 유한성, 감정 등을 근본 속성으로 지닌다. 이러한 인간의 결핍을 신의 속성에 따라 조명하려는 인간의 욕망을 관념론은 '초월'이라 불렀다. 그래서 '인간을 초월하려는 것(Transcending humanity)'은 너무나 자연스러운 인간 현상이다.

그러나 이렇게 초월하려는 인간 현상의 이면에는 —어떤 의미에서 보면— 인간에게 본질적 유한성, 감정, 도덕적 책임조차 포기하는 의도가 깔려 있다. 그렇게 되면 인간은 자신의 문제를 자기 밖에 있는 제삼자에게 의탁할 수밖에 없을 것이다. 우리가 도덕적 향상을 위해 도덕적 AI에 의존하는 방안도 결국은 이러한 형국 아닐까? 여기서 현대 과학이 '신 놀이(Playing god)'한다는 비판도 나왔다(이을상, 2024). 신 놀이란 종래에 신이 담당했던 역할을 점차로 과학기술이 담당하게 됨으로써 나타난 인간 '고양'의 궁극 모습을 가리키는 말이다. 하지만 과학기술은 근본적으로 인간의 산물이다. 그러니 이에 대해 인간 자신의 책임을 묻는 것은 당연해 보인다. 인간의 책임을 묻는다는 것은 곧 자신의 한계를 인식하고, 도덕적 성장과 보편적 공감을 통한 '도덕적 삶'을 사는 것을 말한다. 왜냐하면 오직 도덕적 삶만이 인간의 인간다움을 보증해 줄 수 있기 때문이다.

이러한 맥락에서 인간의 도덕적 책임을 강조한 사람은 누스바움이다(Nussbaum, 1990: 373). 그녀는 호메로스(Homeros)의 《오디세이아(Odysseia)》에서 다음과 같이 인용한다. 칼립소(Calypso)가 오디세우스(Odysseus)에게 불멸의 삶을 제안하지만, 오디세우스는 거절한다. 오디세우스는 −고통, 상실, 사랑, 죽음을 포함한− 인간으로서 삶을 선택했다. 이러한 오디세우스의 선택을 누스바움은 진정한 인간성의 표현으로 평가한다. 오디세우스의 선택과 달리 인간이 신과 같은 존재가 된다면, 인간에게는 '마땅히 해야 할' 윤리가 사라져 버릴 것이다. 이 점을 우리는 우려한다. 윤리란 인간적 조건(죽음, 상실, 상처받음 등)을 전제로 일어나는 도덕적 판단과 책임, 공감, 정의감 등을 말한다. 이러한 도덕성을 제삼자에게 의존한다면, 그 자체가 인간성 부정이 아닐 수 없다.

도덕적 AI도 이렇게 제삼자의 위치에 서는 한, AI는 결코 인간의 도덕성을 향상하는 방안이 될 수 없을 것이다. 이때 AI는 자율적인 '인공적 도덕 행위자'일 테고, 이 인공적 행위자가 인간 행위자에게 지시한 것만 언제나 '올바른' 행동일 것이기에 그렇다. 이렇게 되었을 때 우리가 올바르게 행동하려면, 우리는 반드시 인공적 행위자의 지시에 따라야 하는 처지에 놓이게 될 것이다.

이것은 명백한 '타율'이다. 하지만 그렇다고 하여 우리가 올바른 행동의 기준 자체까지 부정할 필요는 없을 것이다. 우리는 다만 AI가 우리 '행위'에 개입하는 것을 거부한다. 실제로 도덕적 AI 향상도 도덕적 실천의 영역에서 우리의 실천적 지혜 함양에 도움을 주려는 것이지, 개입 자체가 목적은 아니지 않는가? 그런데도 우리는 도덕적 AI를 '도덕적 감시자', '도덕적 너지', '소크라테스식 대화자' 등으로 실체화했고, 이러한 실체화가 '개입'의 의혹을 불러왔음을 부정하기는 어렵다.

하지만 도덕적 AI가 진정으로 우리의 실천적 지혜 함양이 목표라면, 기존의 GPT와 같은 AI를 활용하는 것만으로도 충분히 목적을 달성할 수 있을 것이다. 예를 들어 GPT-4에 칸트의 모든 저작과 칸트 관련 주석서를 모두 탑재한다면, 그리고 이를 인간과 대화하게 훈련한다면, GPT-4는 훌륭한 도덕적 AI 교사의 역할을 할 것이다. 물론 칸트 이론 외에도 공리주의, 덕윤리, 그리고 환경윤리, 시민윤리 등 많은 도덕 이론이 있다. 이를 모두 탑재한 AI를 만들어 AI와 인간, AI와 AI 간에 서로 대화하게 하고, 이를 통해 종국적으로 우리가 '반성적 평형'에 도달하게 된다면, 그것은 우리 '도덕 교육'에 좋은 길잡이가 될 것이다.

도덕 교육에 AI 향상 활용 방안

인간은 근본적으로 교육의 산물이다. 다시 말해 인간은

오직 교육을 통해서만 인간이 될 수 있다. 이러한 의미에서 교육을 개념적으로 '양육(Wartung)', '훈육(Disziplin)', '형성(Bildung)'으로 나눈 것은 칸트의 혜안이다(Kant, 1983: A7). 이 구분은 인간의 성장 단계 – 유아기, 아동기, 학령기 – 에 따른 교육 방법과 관련 있다. 양육은 어린아이가 자기 능력을 잘 발휘하도록 하는 부모의 보살핌을 의미한다. 훈육은 아동기의 아이가 인간성을 벗어나지 않도록 지도하는 일이다. 이러한 보살핌과 지도가 자연적으로 일어나는 교육의 방식이라면, 형성이란 적극적 실천을 통한 '인격' 연마를 말한다. 이러한 인격 연마는 후기의 인간관계 형성에 중요하다. 인간관계 형성을 위해 칸트는 실천적 교육의 방식을 다시금 '도야(Kultivierung)', '시민화(Zivilisierung)', '도덕화(Moralisierung)'로 나눈다. 도야가 개인 차원에서 일어나는 '숙련'이라면, 시민화는 사회적 차원에서 일어나는 '처세술'이다. 이에 반해 도덕화는 인류 차원에서 일어나는 '도덕성 함양'을 말한다.

이러한 도덕성을 어떻게 함양할 수 있을지 우리가 고민하는 것이야말로 도덕 교육의 근본 과제다. 이러한 근본 과제를 해결하려면, 두 가지 요소가 필요해 보인다. 먼저 실천하려는 행위의 '의미'를 분명히 해야 한다. 의미가 불분명한 상황에서는 아무도 행동에 나서지 않을 것이기에 그렇다. 하지만 의미가 분명하더라도 행동하려는 '의지'가 없다면, 또한 행위는 일어나지 않을 것이다. 의지란 행위 '동기'를 말한다. 따라서 진정한 도덕적 행위는 그 의미와 동기가 분명해질 때 비로소 일어날 것이다. 이를 도덕적 행위의 측면에서 보자면, 의미는 행위의 필요조건이고, 동기는 충분조건이다. 이 두 조건이 모두 충족될 때 이 행위를 우리는 '자율적'이라 부른다.

AI가 도덕 교육에 활용될 수 있으려면, 반드시 인간 행위자의 자율적 결정을 AI가 보장해 주어야 한다. 그 가능 조건이란 다름 아닌 (도덕적) 행위의 의미와 동기를 – 그것도 인류 차원에서 – 명료하게 하는 일이다. 먼저 위에서 말한 AI의 관련 정보 분석은 의미의 명료화와 관련이 있다. 그것은 AI가 가장 잘할 수 있는 일이기도 하다. 다음으로 AI가 인간 행위자에게 행동하려는 의지를 배양할 수 있어야 한다. 인간의 의지 형성은 정서와 밀접한 관련이 있다. 문제는 이러한 인간의 정서 생활이 (소규모) 친한 공간과 자기 집단에 편향되어 있다는 점이다. 이렇게 편향된 인간의 정서를 인류 차원의 이타성과 공정성으로 키워 보려는 방안이 '도덕적 생명 향상'이지만, 유감스럽게도 이 생명 향상 방안은 인간의 자율성 훼손이라는 치명적 한계를 드러냈다. 그 대안으로 AI에 의한 향상 방안이 제시되었다. 그런데 AI는 인지적 방식으로 인간의 도덕적 결정에 관여한다. 이러한 인지적 방식이 인간의 정서를 개선할 수 있다면 —아니 개선해야만— AI에 의한 도덕적 행위의 동기 형성도 가능할 것이다.

AI에 의해 행위 동기가 형성될 수 있음을 우리는 아리스토텔레스의 '실천적 지혜'에서 엿볼 수 있다. 아리스토텔레스는 악덕에 빠지기 쉬운 두 성향 간의 치우침과 모자람에서 '정서적 균형(중용, Mesotes)'을 찾아가는 합리적 선택을 실천적 지혜라 불렀다. 이 합리적 선택에서 '덕'이 생겨난다. 덕 개념인 '이타성'과 '공정성'도 이렇게 합리적 선택에 따라 생겨난다면, 이로써 AI에 의한 우리 정서적 고양도 가능할 것이다. 그뿐만 아니라 AI에 의한 정서적 고양은 '의지박약(Acracia)'의 문제도 해소해 준다는 실험 연구도 있다(Seville et al., 2011: 502). 어떤 점에서 기계(예를 들어 복잡한 교통 상황에서 내비게이션)는 심정적으로 인간의 언어보다 더 설득력이 있다. 그것은 기계가 과거에 수행된 성공적인 처리 결과와 새로운 상황에 적절히 대응하는 기계 능력에 따른 것이기 때문이다. 이러한 효율적 처리가 우리의 도덕적 결정에는 매우 중요한 역할을 한다(Chalson et al., 2014).

이러한 일련의 사례는 AI가 우리의 도덕 교육에 충분

히 활용될 수 있음을 잘 보여 준다. 그러나 우리가 간과하지 말아야 할 사항이 있다. 과학은 -지금까지 그래 왔고, 앞으로도 그렇겠지만- 문제 해결 방안을 제시하고, 문제 해결을 쉽게 하려는 경향을 띤다. 이에 반해 철학은 언제나 비판적이다. 이러한 비판이 때로는 과학기술의 발전을 저해하는 것처럼 보일 수도 있다. 하지만 비판은 언제나 우리 삶의 의미나 가치에 관한 것이지, 과학기술 자체를 향한 것이 아니다. 이 점에서 "음미하지 않은 삶은 살아갈 가치가 없다"라는 소크라테스의 말을 다시금 곱씹어 볼 일이다.

참고문헌

이을상(2024). "임상유전학의 '신 놀이' 비판". 《철학논총》, 77(3), 313~338쪽.

Chalson, M. S., et al.(2014). Identifying factors that influence trust in automated cars and medical diagnosis systems. *AAAI symposium on the intersection of robust intelligence and trust in autonomous systems, technical report SS-14-04*, pp.9~16.

Kant, I.(1983). Über Padagogik. In Weischedel, W.(ed.). *Immanuel Kant: Werke in zehn Banden*. Wissenschaftliche Buchgesellschaft.

Nussbaum, M. C.(1990). Transcending Humanity. *Love's Knowledge: Essays on Philosophy and Literature*,

pp.365~382. Oxford University Press.
Seville, H., et al.(2011). What can AI do for ethics. In Anderson, M. et al.(eds.). *Machine Ethics*. Cambridge University Press.

이을상

부산대학교 인문학연구소 전임연구원이다. 동아대학교에서 철학 박사학위를 받았다. 동아대학교 석당연구원 전임연구원, 동의대학교 문화콘텐츠연구소 연구교수 등을 역임했다. 한국철학적 인간학회장을 역임했다(2021~2023). 1999년 새한철학회가 수여하는 제4회 만포학술상, 2014년 대한철학회가 수여하는 제5회 운제학술상을 받았다. 응용윤리학과 철학적 인간학에 관심을 두고 연구하고 있다. 저서로 《도덕적 생명 향상》(2022), 《나는 긍정심리학을 긍정할 수밖에 없다》(2020), 《사회생물학, 인간의 본성을 말하다》(공저, 2007), 번역서로는 《인간, 그 본성과 세계에서의 위치》(공역, 2025), 《우주에서 인간의 위치》(2025), 《과학적 사실의 기원과 발전》(2021), 《지식의 형태와 사회》(공역, 2007), 《윤리학에서 형식주의와 실질적 가치 윤리학》(공역, 1998)이 있다. 논문 "가치와 인격"(박사학위, 1996) 등과 다수의 기고문이 있다.